毒舌を吐きながらも、会う人全員を
ファンにする心理テクニック

なぜ、マツコ・デラックスは言いたい放題でも人に好かれるのか？

心理学者
立正大学客員教授
内藤誼人
Yoshihito Naito

廣済堂出版

まえがき

どうすれば出会う人すべてを自分の〝ファン〟にできるのか。

どうすれば具体的に人の心を魅了することができるのか。

読者のみなさんも、そのための具体的なテクニックに興味がおありだろうと思う。

もし少しでも興味があるのだとしたら、ぜひ本書をお読みいただきたい。なぜなら、本書には「人気者になる秘訣」がたっぷりと詰まっているからだ。


人気者になるのは、実は、そんなに難しいことではない。

すでに人気者として確固たる定評のある「モデル」を選び出し、その人物がやっていることを、徹底的にコピーすればいいだけの話である。ようするに、**人気者がやっていることを、こっそりと「真似」させてもらえばいい**のだ。

試験なら、ほかの人の答案をカンニングするのは悪いことであるが、人気者になるための方法をカンニングするのは、まったく悪いことではない。安心してどんどんカンニングするのが正解である。

人気者がやっていることを、完全にコピーして自分のモノにしてしまえば、必然的に、読者のみなさんも人気者になれる。なぜなら、人気者と同じことをしているわけだから。

人気者と同じことをやっているのに、「自分だけは嫌われてしまう」ということは、まず考えられない。**人気者と同じことをしていたら、みなさんも同じように人気者になれるのである。**

勉強の成績をあげるのも、仕事で業績をあげるのも、同じだ。

勉強ができる人、仕事ができる人がやっていることを、そのまま真似すれば、だれだって成績は伸びるし、高い業績をあげることができるのである。

本書では、そういう「モデル」となる人物として、**〝マツコ・デラックス〟**さんをとりあげたいと思う。

マツコさんといえば、ビデオリサーチ社が行なう「タレントイメージ調査2015」では、好きなタレント部門の男性部門で堂々の1位、2016年の同調査でも5位という、紛《まぎ》れもない人気タレント。現在は、テレビ番組のレギュラーを9本も抱え、テレビをつければ毎日マツコさんが出演しているのを見ることができる。それだけ多くの視聴者から支持されているといえよう。

なぜマツコさんは、人の心をつかむのがうまいのか。

具体的に、どういうやり方で人を惹《ひ》きつけているのか。

本書では、その秘密を心理学的に徹底的に解明し、読者のみなさんにお教えしたいと思う。

自己アピールが苦手。自分をうまく印象づけることができない。「存在感がない」とよく言われる。異性にも同性にもモテない……。そんな悩みを抱えている人たちにとって、本書が少なからずお役に立てれば幸いだ。

Contens

なぜ、マツコ・デラックスは言いたい放題でも人に好かれるのか？

Contens

第2章　悪用厳禁！　マツコだけが知っている人付き合いの極意と裏ワザ

第３章　会った瞬間から優位に立つ！　マツコの「人心掌握テクニック」

第4章　会話の主導権を握るためのマツコ式・禁断のコミュニケーション術

第5章 姑息に見えて実は王道！ 人の心を巧みに誘導するマツコの㊙思考法

第1章

マツコ流・無敵の〝セルフ・プロデュース〟力を身につけろ!

少しくらい嫌われても大丈夫。そのうち相手も慣れてくる

アタシ、テレビに出た当初、「何だ!アイツは!!」「女装のデブ、気持ち悪い!!」「早く消えろ」って視聴者からたくさんの罵声《ばせい》を浴びるとばかり思っていたの。もちろん、そういうふうに叩く人たちもいたけど、長くは続かなかった。すぐにみんな、「ああ、女装のデブね」ということで納得しちゃったの。

(『デラックスじゃない』p184)

今でこそ、テレビに引っ張りだこのマツコさんではあるが、出演した当初には、やはり嫌う人は大勢いたのだそうだ。

けれども、しばらくすると、「ああ、マツコさんね」ということで、みな受け入れてくれた。慣れてしまったのであろう。

私たちの好悪《こうお》の感情は、とても不思議なもので、最初は嫌いだったものでも、しばらくするとたいてい嫌いでもなくなるばかりか、そのうちに好きになってしまうことも珍しくはない。嫌いな対象、嫌いな人でも、慣れるのである。これを**「単純接触効果」**と呼ぶ。

私は、かつてゴーヤが苦くて食べられなかったが、沖縄に旅行に行ったときに何度か食べていたら、好きになってしまった。苦さに慣れてしまったのである。まことに人間というのは不思議なものである。

ベルギーにあるカソリック・ルーベン大学のO・コーネルという心理学者は、顔を記憶する実験だ、という名目で何度も同じ顔写真を被験者に見せてみたところ、何度か見せられた顔ほど、1回しか見せられなかった顔に比べて、「親しみやすい」「魅力的」という評価が高まったことを確認している。

私たちは、同じ顔を何度も見ているると、その顔を好きになっていくのである。

たとえ、人に嫌われやすい（と自分では思っている）顔だちをしていても、まったく何の心配もする必要がない。

「こんな顔だから、会う人を不快にさせてしまう。だから、なるべく顔を見せないほうがいい」と考える必要はない。どんどん顔を売っていこう。

みなさんがどのような顔だちをしているのかはわからないが、どんな顔であろうが、そのうち相手は慣れてしまうのだから。

単純接触の原理は、「人嫌い」を治すときにも利用できる。

「あの人が苦手」という人がいるとしても、その人を避けるのではなく、むしろ相手の懐《ふところ》に飛び込んでいくというか、とにかく自分から積極的に話しかけ、付き合うようにするのである。

そうやって付き合いを深めていくと、「あれっ、最初は怖い人なのかなと思ったけど、意外に親しみやすいところもあるじゃないか」という意識を持つことができ、嫌悪感など、自然と吹き飛んでしまうのである。

苦手な人だからといって、その人を避けていたら、いつまでも慣れることはないし、嫌悪感も消えない。だから、どんどん自分から交わるようにしたほうがいい。これは人付き合いの極意であるともいえる。

自分が輝けるような場所を見つけたら、そこからあまり出ないほうがいい

アタシみたいに世間の片隅で生きている人間には、そんな日当りのいい場所はキモチ悪くて歩けないわ。

（『世迷いごと』p183）

マツコさんは、もともと雑誌の編集者などの仕事をしていたが、テレビに出演したときに「ここが、私の居場所だ！」と直感的に気づいたという。本人は、謙遜して自分のことを「日陰者」呼ばわりすることもあるが、テレビという場所が、もっとも自分を輝かせてくれることがわかったのであろう。

テレビ業界という場所は、たしかに華やかな場所ではあるが、別にそういう華やかな場所でなくともよい。

とにかく、**自分なりに「ここなら、自分が目いっぱい輝くことができる！」という場所を見つけよう。**

そういう場所で最高のパフォーマンスを見せよう。そうすれば、みなさんはだれよりも輝かしい存在になれる。水を得た魚のように、イキイキと動きまわれる場所を見つけることである。

魚は、水中でこそ無敵であるが、もし陸に上がったとしたらどうなるか。まったく身動きがとれず、自分のよさをアピールすることなどできない。魚は、水から出てはならないのである。

私たちには、だれにでも「向き・不向き」という場所があるのであって、自分に合わない場所でいくら頑張ろうとしても、いくら目立とうとしても、努力が空回りするばかりで、まったく得るものはないのである。

GEの最高経営責任者だったジャック・ウェルチは、「ナンバーワン戦略」という戦略をとって、不振に悩むGEを立て直したことで有名である。

あれこれと幅広い事業に手を出すのをやめて、ナンバーワン、あるいはナンバーツーの事業だけを残して、その他の事業からはそっくり手を引いてしまったのだ。

ウェルチは、「勝てるところだけで、勝てばよい」と考えたわけであるが、これは自分をブランディングするときにも有効な考え方だ。自分が勝てるところで勝負すればいいのであって、その他の勝負は全部捨てるのである。

いつでも、どこでも、だれに対しても好印象を与えられるのなら、それに越したことはないけれども、現実には、そんなことは不可能である。

だから、**自分が輝ける場所でだけ勝負して、その他のことはしないほうがいい。**

時折、何を勘違いしてしまったのか、美貌《びぼう》だけで勝負すべきモデルさんがドラマに出たりして、「演技がヘタすぎる」とネットで書かれたりすることがある。演技だけで勝負していればいいのに、なぜかＣＤを出して歌を歌い、「あまりにも音痴すぎる」と自分の株を下げてしまうような女優さんなどもいる。

いろいろと手を出したい気持ちはわかるが、自分が輝ける場所を見つけたら、そこからはあまり出ないようにするのが利口なやり方であろう。

「善行」については、絶対に自分で吹聴するな

実は私も自分が寄付したことを一切言ってない。「本当はいい人なんだ」みたいに見られるのが、すごいイヤなのよ。

（『サンデー毎日』2011.7.10日号 p129）

マツコさんは、東日本大震災の後に寄付をしたそうなのだが、それを人には語っていない。作家の中村うさぎさんが、「私は寄付をしたよ」と話しているのを聞いて、「実は私も」とうっかり漏《も》らしてしまったくらいである。

自分がよいことをしても、それは黙っていたほうがいい。

なぜなら、善行というものは、どうせ黙っていても周囲の人には知られるものであるし、自分で語らないほうが、「奥ゆかしさ」を感じさせるからである。大物と呼ばれる人は、自

分がやっていることをわざわざ自分で語ったりはしないものである。

「あの人は、毎日、だれよりも早く出社している」
「あの人は、だれも見ていないところで頑張っている」
「あの人は、トイレ掃除をしている」

そういう善行は、自分から吹聴《ふいちょう》しなくとも、そのうち周囲の人には気づかれる。そして、ほかの人が、あなたの善行についてホメそやしてくれる。だから、わざわざ自分の口で、「僕はこんなことをしているんだよ」などと言う必要はないのである。

せっかくいいことをしたのだから、それをほかの人にも知ってもらいたい。そういう読者のみなさんの気持ちはよくわかる。

しかし、それを自分の口でやってしまってはならないのである。**どんなにいいことをしても、自分で吹聴した瞬間に、奥ゆかしさが消えてしまう**からだ。いやむしろ、自慢していると受け取られ、逆に嫌われてしまうことさえあるだろう。

自分の善行を、自分で語ろうとすると、ナルシストだと思われてしまう。そして、ナルシストは、基本的に人から好かれない。フロリダ州立大学のウェイン・ホックワーターは、自分を大きく見せようとする上司は、たいてい部下に嫌われてしまう、というデータを報告している。

マツコさんは、わざと自分を大きく見せようとするようなことはしない（身体や声は大きいが）。「私は、こんなにいい人」というアピールもしない。むしろ、悪役（ヒール）として自分を位置づけている。

けれども、悪役（ヒール）だからこそ、時折見せるやさしさが強調され、「へぇ、マツコさんって、意外にやさしいところもあるんだ」という印象を強めることができるのではないかと思われる。

いいことをしても、それを自分で語ったりしてはならない。

そのうち周囲の人に知られるのを、楽しみにゆっくり待てばよい。

恥じらいやプライド、つまらない見栄などはすべて捨てろ！

磨く部分は人それぞれ違うだろうけど、何かを突出させるためには必ず何かを捨てなくてはならないのよ。失ったり逃したりしてしまうことを恐れていたら、人を惹きつける女にはなれないと思うわ。

（『婦人公論』2007.12.22－2008.1.7合併号 p38）

マツコさんは、なぜあれほどの魅力を放っているのか。

その理由は、とても単純である。自分をカッコよく見せようとか、見栄を張ろうとか、そういう気持ちをまったく持っていないからである。**マツコさんは、いつでも自然体というか、等身大で生きている。**

たいていの人は、なぜ魅力がないのか。

その理由は、必要以上に「背伸び」をして、自分を装っているからである。つまらないプライドが邪魔をして、本当の自分を見せることができないからである。**自分を大きく見せようとすればするほど、皮肉なことに、人間として器《うつわ》がちっぽけに見えてしまう、**ということに気づいていないからである。

自分を大きく見せようというのは、いってみれば偽装であり、インチキである。自分ではうまくごまかせていると思うのかもしれないが、ほかの人から見れば、その人がインチキをしていることがすべて透けて見える。だから、そういう人を見ると、「器がちっちゃいな」と思ってしまうのである。

太っていることにコンプレックスを感じている人は、なるべく自分が痩《や》せて見えるように、ダボダボの服を着ようとする。しかし、そんな服を着るから、かえって太っていることが強調されてしまうことに本人だけが気づいていない。

「私の体重は、○○キロ」と体重のサバを読む人もいるが、体型を見ればその人の体重など、おおよそは見当がつく。だから、サバを読もうとしても、周囲の人はちゃんとわかっているのである。いや、心の中では、「なんだよ、こいつ、ウソつきじゃねえか」と鼻で笑っているものなのだ。

マツコさんは、自分のことを隠そうとしない。すべて開けっぴろげである。

つまらないプライドや見栄は、すべて捨てている。

そういうところが、マツコさんの魅力を高めているのではないかと思われる。

カリフォルニア州立大学のノーマン・アンダーソンによると、私たちは、開けっぴろげで、正直な人が好きなのだという。逆に、自分のことを隠そうとしたり、見栄を張ろうとする人には、嫌悪感を抱いてしまうものらしい。

つまらないプライドや恥じらい、見栄などはすべて捨ててしまおう。

すべてをさらけ出して、すべてを見せてしまったほうが、周囲の人には好印象を与えるものなのである。

まずは、とにかく「興味・関心」を持ってもらうことが先決

「こんな化け物でも生きてるんだから、俺も、私も頑張らなければ」でも、「こんな輩《やから》に生意気言われて黙っていられるか、俺が、私がやっつけてやる」でも構わないのよ。ひとまずは、関心を示してくれることがありがたいと思っているの。

（『うさぎとマツコの往復書簡②　自虐ドキュメント』p51）

マツコさんは、人に嫌われることよりも、「関心を持たれない」ことを重視したほうがいいと述べている。

「あの人って……名前、何だっけ？」
「ええと、そんな人いたっけ？」

「ごめん、だれだか、わからないや」

だれの印象にも残らず、関心を持たれないようではダメである。**むしろ嫌われてもいいので、強烈なインパクトを相手に残せるように心がけたい。**存在感のない人間ではダメである。存在感がないというのは、「いなくてもいい人間」と同義だからだ。

どうすれば自分を目立たせられるのかを考えよう。

かりに目立つのであれば、それが悪い方向であっても、万々歳だと考えよう。

これが**「ブランディング」**である。

マツコさんは、「デブ」「毒舌」「女装」というキーワードで、自分を印象づけることに成功している。「デブ」「毒舌」「女装」というのは、どちらかといえばネガティブなニュアンスを持っているけれども、マツコさんは、そんなことはちっとも気にしない。マツコさんにとっては、目立つことが一番大切なのであり、それが成功しさえすれば、ほかのことはどうでもいいのだろう。

コカ・コーラ社のマーケティングCEOだったセルジオ・ジーマンは、「ニューコーク」

という新商品を売り出し、大失敗をしたことがある。ニューコークは、発売からわずか77日間しかもたずに市場から消えた。

けれども、ジーマンはこれを大成功だったと位置づけている。なぜなら、コカ・コーラのブランドを活性化し、消費者の目をコカ・コーラへと再び向けさせたからである（『そんなマーケティングなら、やめてしまえ！』中野雅司訳、ダイヤモンド社）。

まずは目立つことが先決なのであって、それが悪い方向であろうが、良い方向であろうが、そういうことはあまり考えないほうがいい。

たとえば、「バカなことばかり言って、職場のみんなを笑わせるムードメーカー」と自分をブランディングするのは、ほかの人からからかわれたり、笑いものにされることを考えればあまり気分がよくないと思われるかもしれないが、存在感がまったくなくて、いてもいなくてもいい人間だと評価されるよりは、関心を持ってもらえるほうが、はるかに有益であるということを覚えておこう。

見た目が気に入らないなら、その「見た目」をとにかく磨け！

よく加齢で悩む人に、「見た目以外に自信をつければいい」、「内面を磨くことで人は輝く」なんていう人もいますが、個人的には、本質的に「見た目をそれ以外の要素で埋めることはできない」と思っています。

（『あまから人生相談』p87）

「見た目が気に入らないのなら、内面の美しさを磨けばよい」とアドバイスをする人がいる。自己啓発系の本を読むと、そんなことが書かれていたりする。

しかし、本人が自分の見た目を気にしているのに、それをほかのことで補うことなどできはしないだろう、とマツコさんは一刀両断している。そして、おそらくマツコさんのほうが正しい。

では、見た目が気に入らないのなら、どうするか。

見た目を磨く努力をすればいい。

そうすれば、自然とコンプレックスは消える。

「でも、生まれつき、私の顔だちはブサイクだから……」と反論したい読者もいらっしゃるであろう。

しかし、そうではない。

街中を歩いているイケメンや、美人をよくよく観察してみてほしい。彼らが本当にすばらしい顔だちをしているかというと、決して、そうではないことがわかるはずだ。

彼らは、オシャレな髪型をしたり、流行のメイクをすることによって、「イケメンっぽく、美人っぽく」装っているだけなのである。つまりは、努力によって見た目を磨いているだけなのだ。

織田隼人さんは、その著書『モテる出会い　男のモテ本 Vol.1』（あさ出版）の中で、いわゆる本物のイケメンなどめったにいるものではない、と指摘している。多くのイケメンは、髪型と服装を整える努力をしているだけだというのである。

つまり、**見た目を磨くというのは、努力次第でけっこうなんとかなってしまうもの**なのだ。

「私は、顔だちがよくないから……」などと卑屈になる必要はない。肌を磨く努力、髪型をオシャレにする努力、自分に似合う洋服を探す努力をしていれば、だれでもそれなりにカッコいい男、人目を惹く女性にはなれるのである。

カリフォルニア大学のデイアン・フェルムリーが、301名の大学生に、「一番最近の恋人に惹《ひ》かれた理由」を尋ねたところ、男女とも、第1位の理由として「見た目」を挙げたという。

見た目の影響は、とても大きいのだ。だからこそ、見た目を磨かなければならないのである。

自分の見た目が気に入らないのなら、見た目を磨く努力をすればいい。

内面を磨こうとしたって、大人になってからでは性格などそうそう変わらないし、しかも内面が磨かれたかどうかなど、なかなかほかの人にわかってもらえない。けれども、明るい髪型に変えるくらいなら、ただ美容院に行くだけで簡単にすむ。

内面など磨かなくともいい。見た目が気に入らないのなら、見た目を変えればすむ話である。

「見た目」を変えれば、あなたを見る目は必ず変わってくる

きっと、経験も知性も然るべきものがないアタシは、女装という異形で、相手の目を眩《くら》まし、色んな意味で物凄いと思わせているのではないかってことよ。

（『うさぎとマツコの往復書簡② 自虐ドキュメント』p224）

私たちは、相手の見た目から、その人のことを判断している。

たとえば、あまりに痩せている人を見れば、「神経質な人なのかな」という印象を受ける。筋肉質な人を見れば、スポーツマンなのかなという印象を受ける。

ちなみに、マツコさんは、体重が140キロもあるということであるが、太っている人がどんな印象を与えるかというと、心理学の研究によれば、「やさしい」「おしゃべり」「おバカさん」「正直者」といったイメージを与える確率が高いそうである（イースタン・ミシガ

ン大学のリチャード・ラーナーの研究による）。

先ほど、「見た目が気に入らないのなら、見た目を磨け」というアドバイスをしたが、見た目を変えることによって、周囲の人から受ける自分の印象を変えることもできるようになる。これを心理学では**「印象操作」**と呼んでいる。

マツコさんは、女装をすることによって、「この人は、きっとすごい人なんだろう」と目くらましをしているそうなのだが、読者のみなさんだって、見た目を変えることによって、自分が与えたいと思うイメージを相手に植えつけることはできるのである。

さすがに読者のみなさんに、マツコさんの真似をして女装をしろともアドバイスできないので、別のやり方をお教えしよう。

たとえば、好ましいイメージを与えたい場合。

この場合には、**少しだけ日焼けをしてみるといい。**

青白い肌をしていると、元気がなくて、弱々しいイメージを与えてしまう。仕事もあまりできないように思われてしまう。ところが、ちょっぴり肌を焼いておくと、精悍《せいかん》で、力強く、男らしく、仕事ができそうなイメージを与えるのだ。

オーストラリアにあるメルボルン大学のマリタ・ブロードストックは、日焼けをしていない人を「魅力的だと思う」と答えた人は38・0％しかいなかったのに、軽く日焼けをしている人は、56・5％が魅力的と評価され、中程度に日焼けしている人は、60・6％も魅力的だと評価されるということを実験的に確認している。

見た目で印象を変える場合、そして手軽さや効率を考えた場合、もっともオススメなのは、日焼けをすることである。

あまり日焼けをしすぎて、真っ黒になってしまうと遊び人だと思われてしまうが、適度に日焼けしておくことによって、みなさんがほかの人に与えるイメージはずいぶんと変わってくるはずだ。

人に好かれたいなら、「笑われるのもご愛嬌」と考えよう

こんな風体《ふうてい》で女装癖だなんて、それだけでも存在そのものが笑いの対象、むしろ、笑って貰えなくなったらおしまいよ。だからどんどん笑って欲しいし、要は一生キワモノってやつよね。

（『うさぎとマツコの往復書簡　全身ジレンマ』p83）

私たちは、みな見栄っ張りなところがあるので、人に笑われることをあまり好まないのではないかと思われる。

しかし、ひょうきんにふるまって、周囲の人を明るくする存在を目指すのは、世渡りのコツである。ひょうきん者を嫌う人など、いないのだから。

仕事ができる人間より、頭のいい人間より、明るく、楽しい人間になろう。

少しくらいおしゃべりだと思われようが、陰気くさく押し黙っているような人間よりは、ひょうきん者のほうが、はるかにウケがいい。私たちは、カラッと晴れた天気が好きである。曇りや雨がつづくと、だれでもうんざりする。だから、晴れたお日様のような人柄を磨かなければダメである。

マツコさんは、「笑われる」のを気にしない。

というより、むしろ大歓迎しているようである。マツコさんは言う。

アタシね、人様から笑って貰えることはありがたいことだと思っているし、たとえそれが「笑わせてる」のではなく「笑われている」としても、「笑われなくなる」よりはまだマシよ。

（『うさぎとマツコの往復書簡　全身ジレンマ』p84）

こういう割り切りがとても重要である。人に笑われないような人間ではダメである。みんなに笑ってもらえるような人を目指すべきなのだ。これがマツコ流である。

米国ハイ・プレインズ精神健康センターのステファニー・ネメチェックは、20歳から78歳までの多くの夫婦を調べ、どういう夫婦ほど仲良く、円満な関係を築けているのかを調べてみた。

その結果、夫婦のどちらか、あるいは両方の「性格が明るい」ときに、夫婦生活が円満になることが明らかにされたという。明るくふるまっていれば、人付き合いというものは、それなりにうまくいってしまうものらしい。

みんなを明るい気持ちにさせ、楽しませることを考えよう。

陰気くさい人間を好きになる人など、いない。

明るく、にこやかにふるまうからこそ、人は集まってくるのである。

自分自身を徹底的に「ネタ」にせよ！

最近、感じるんだけど、自虐ができるか、できないかって、ホント、大きいよね。
（『続・世迷いごと』p200）

笑いは、人付き合いの潤滑油《じゅんかつ》。たっぷりと相手を笑わせてあげるように心がければ、たいていの人付き合いはうまくいく。

いつでも眉《まゆ》にシワを寄せ、口を開けば文句や愚痴《ぐち》ばかり言っているような人は、だれからも煙たがられてしまうが、ニコニコして、笑いを誘うことばかりを口にしていれば、決して嫌われることはない。

米国ソールズベリー大学のウェイン・デッカーは、いろいろな業界の職場のユーモアについて調べてみた。

すると、ひょうきんで、おもしろいことを言う人が職場にひとりでもいると、それがほかの人にも広がって、明るい職場になることを突き止めている。「笑い」は、感染する性質を持っていて、おもしろい人がいると、周囲もどんどん明るくなっていくのである。

ただし、ここでひとつだけ注意すべき点がある。

いくらおもしろいからといって、「ほかの人」をやり玉にあげ、その人をネタに笑いをとろうとしてはいけない、ということだ。

あくまでも笑いのネタは、「自分」でなければならず、みんなを笑わせるために、特定の人をネタにしてはいけないのである。

マツコさんは、「私、デブだから」と自分をネタにして笑いをとっている。いわば、〝自虐ネタ〟である。こういう笑いはOKなのであるが、ほかの人を不愉快にさせるような笑いは絶対に避けなければならない。たとえ多くの人が笑ってくれても、笑われた特定の人は、みなさんのことを恨みに思うかもしれないからである。

米国イリノイ州にあるブラック・ホーク大学のウィリアム・ハンプスによると、笑いには、いろいろなスタイルがあるそうなのだが、相手をからかうような笑いよりも、自己卑下的（自虐的）な笑いが、人付き合いでは有効であるという。

お笑い芸人は、よく自分の体験談やエピソードをネタにしているが、そういう「自虐ネタ」のほうが、聞いているほうも安心できるのである。

「職場のだれそれさんは、こんなことをした」と相手をからかうのではなく、「この前、私が……」と、**自分をネタにしたほうが、周囲に敵を作ることもなく、人に好かれることができる。**

自分を笑いものにするのは、プライドの高い人は許せないと思うかもしれないが、そういうつまらないプライドは、さっさと捨ててしまうに限る。

嫌われることを恐れていては、自己アピールなどできるわけがない

マドンナが吐いた「私は嫌われることに恐怖感はまったくない。むしろ、大好き。それよりも、無関心にされることのほうが恐ろしい」という名言。コレ、アタシの人生の指針にもなった言葉の一つ。アタシもどんなに世の中から嫌われていても平気。つまり、「大嫌い」というパワーは、「大好き」というパワーに引っくり返るのよ。

（『世迷いごと』p192－193）

マツコさんは、嫌われることを恐れていない。だから、あれだけ歯に衣着《きぬ》せぬ発言ができるのであろう。

たいていの人は、「こんなことを言ったら、嫌われちゃうかな？」と考えすぎて、ビクビクしている。言いたいことの半分も言えない人が多い。だから、自分をうまく印象づけるこ

とができないし、存在感を与えることもできない。

ココ・シャネルの名言に、「みんな、私の着ているものを見て笑ったわ。でもそれが私の成功のカギ。みんなと同じ格好をしなかったからよ」というのがある。

みんなと同じようなことをしていたら、目立つことはできない。

たとえ「浮き上がった存在」になろうとも、それでも自分を目立たせることを考えよう。

日本には、「出る杭《くい》は打たれる」ということわざがあり、周囲から浮き上がっていると、叩かれてしまうことが多いと考えられている。

しかし、それを恐れていたら、自己アピールなどできるわけがない。

出る杭は打たれるというが、出ない杭は土の中で腐るだけ。

まずは、「嫌われたっていい」という意識を持つところからスタートしてみよう。ようするに必要以上に嫌われることを恐れないようにするのである。

読者のみなさんは、ちょっとでも目立つ行動をとったりすると、ものすごく目立ってしまっているように思うかもしれないが、現実には、そんなに目立ってはいないものである。だから、安心してよい。

私たちは、自意識過剰なところがあって、ほかの人たちが全員、自分の言動を注視していると思ってしまうものだが、そんなことはない。むしろ、興味を持っていないことのほうが多い。

コーネル大学のトマス・ギロビッチは、この現象を**「スポットライト効果」**と名づけている。私たちは、まるで自分が舞台のスポットライトに照らされているように感じてしまうものだが、実際には、周囲の人は、みなさんのことなどまったく気にしていないのである。

ちょっとくらい目立つような行動をとったくらいでは、そんなに目立つこともないのだ。本当に目立ちたいのなら、自分で思っていることの2倍、3倍くらいのことをしなければ、目立つことはない。

だから、安心してどんどん目立つ行動をとってもらいたい。

嫌われる原因を特定し、それをひとつずつ潰《つぶ》していけ

モテない欠点はなんなのか考え、その欠点を埋めていくという作業を繰り返せばいいだけの話。

（『あまから人生相談』p102）

人に好かれるのは、とても簡単である。

もし嫌われているのだとしたら、その原因を特定し、ひとつずつ、丁寧に潰していけばいい。そうすれば、だれからも好かれるようになる。

自分の話し方は、どうなのか。文句ばかり口にしているのではないか。相手をホメるような言葉を口にしているか。明るい声を出すように意識しているだろうか。表情はどうだろう。いつでも口角を上げて、歯を見せて笑っているだろうか。仏頂面をしていないだろう

か。服装はどうだろう。清潔感があるだろうか。シャツの襟《えり》はパリッとしているだろうか……。

そういう原因をひとつずつ潰していけば、みなさんの好感度はグッとアップするはずだ。もし読者のみなさんが、職場の人たちから、あるいは異性から嫌われているのだとしたら、何か原因があるはずである。原因もないのに、嫌われる、ということは通常考えられない。だとしたら、まずは原因を正しく認識することからスタートしよう。

とはいえ、原因分析を行なうのは、そんなに難しくない。

嫌われる原因は、何百も、何千もあるわけではないからである。たいていの場合、**嫌われる原因というのは、ほぼ決まっている。**

ハワイ大学のエレイン・ハットフィールドによると、「好ましい人」のランキングの1位は、「やさしさと理解力」であり、2位は「ユーモアセンス」、3位は「オープンさ」、4位は「知性」であり、5位は「会話のうまさ」であるという。

したがって、嫌われる原因は、この逆の性質を持っていること、すなわち、人にやさしくないとか、しゃべっていてつまらないとか、正直者でないとか、頭が悪いとか、会話がヘタ、ということになる。

だいたい嫌われる人は、この5つが主要な原因であることが多いので、自分に当てはまるものを潰せばよい、ということになる。

さらに細かいところで、嫌われる原因を突き止めたいのであれば、本屋さんに行って「マナー本」を何冊か買ってこよう。そして、**自分のふるまいがマナー違反をしていないかどうかをチェックする**のである。

マナー本を読むと、意外に自分では気づかなかったことが書かれている。

そういうものを、ひとつずつ注意するようにすれば、みなさんのマナーは自然と磨かれてゆき、人を不愉快にさせるようなふるまいをとらなくなるものである。

ときには「自己演出」にこだわってみろ

身近なイケメンとしてキラキラして見える美容師ですが、それは彼らがお店で生活感など見せないだけのこと。

（『続あまから人生相談』p165）

女性の目線からすると、美容師の男性はとてもカッコよく見えるそうである。美容師を好きになってしまう女性も多いと聞く。

なぜ、美容師がモテるのかといえば、マツコさんによれば、「カッコいいところだけを見せているから」ということになる。ようするに、カッコよく見えるように、自分の魅力が水増しして見てもらえるように、そういう演出をしているだけなのだ。

どんな人だって、自己演出さえうまくやれば、魅力的に見える。

自己演出には、いろいろなやり方があるのだが、そのひとつは、**ダイエットすること**である。

マツコさんには申し訳ないのだが、「太っている」ということは、一般には魅力を引き下げる原因になりやすい。

だから、ジムに通って筋トレをしたり、毎日、走り込みをすることによって、できるだけスレンダーな体型を手に入れたい。美容師の男性がモテるのは、彼らが標準的な男性よりも、細いからではないか、と私はにらんでいる。

オーストラリアにあるフリンダース大学のマリカ・ティグマンは、標準体重の人のシルエットと、肥満の人のシルエットを用いて、どのような印象を与えるのかを調べてみたことがある。

その結果、標準体重の人のシルエットを「魅力的」だと感じたのは、96人中82人であったのに対して、肥満の人のシルエットを魅力的だとしたのは、わずかひとりであった。

また、標準体重の人を「親しみやすい」と答えたのは96人中35人であったが、肥満の人は19人であったという。

さらに、「一緒にいたいかどうか」という質問に対しても、標準体重の人のときには96人中57人が「イエス」だったのに、肥満者が相手のときにはわずか2人だけが「イエス」という回答であった。

太っていると、それだけで印象は悪くなってしまうのである。

よい自己イメージを与えるためには、できるだけ太らないように心がけることが重要である。それだけで魅力がアップするのだから、しかも健康的にもなれるのだから、こんなによいことはない。

もちろん、ダイエットをしたり、トレーニングをしたりするのはとてもムリという人もいるであろう。そういう人は、本書でいろいろな自己演出法をお教えしていくので、それらのテクニックを駆使して自己演出に励んでほしい。

たとえ目立ってしまっても、嫉妬されないよう周囲に気を配れ

アタシにそういうこと（筆者注：足を引っ張られること）が少ないのは、やっぱり、みんな「マツコ」みたいにはなりたくないからだよね。「ああは、なりたくねーな」っていうのが根本のところにあるの。だから、足を引っ張りたいって思うジェラシーが、湧かないのよね。

（『デラックスじゃない』p46）

マツコさんほどメディアの露出が多くなれば、当然、それを妬《ねた》んだり、羨《うらや》んだりする人も多いのだろうと思ってしまうが、そんなことはないらしい。

マツコさんの自己分析によると、「デブで女装」をしているおかげで、いくらメディアの露出が増え、人気者になっても、それほど嫉妬されずにすんでいるそうである。

人気者になればなるほど、人からの嫉妬は避けられない。

男性にモテる美人は、普通に考えれば羨ましいかぎりなのであるが、同性である女性たちから激しく嫉妬され、仲間外れにされたりするので、本人は美人であることをなるべく見せないように努力しなければならない、という話を聞いたことがある。美人は美人で、普通の人にはわからない、けなげな努力をしているのだ。

「男にチヤホヤされてるからって、あの女は調子に乗っている」
「あいつは何か勘違いしている」

と陰口を叩かれてしまうことのないよう、できるだけ嫉妬をかわそう。

仕事ができる人も、同じような悩みを持っている。

彼らは、仕事ができるばかりに、周囲からの妬みを買いやすい。だから、足を引っ張られたり、嫌がらせをされることのないように気を配る必要があるという。

ノーザン・イリノイ大学のステファニー・ヘナガンは、4つの会社の不動産販売員についての調査を行ない、社内賞をとるような優秀な販売員になればなるほど、ものすごく謙虚な自己アピールを心がけることで、同僚たちからの妬みや怒りをかわす努力をしていることを明らかにした。

面倒くさいと思われるかもしれないが、**謙虚であることはとても重要**なのだ。

これは、次項で詳しく論じるが、マツコさんは、テレビに出演しているときには堂々としているように見えて、実はものすごく腰が低く、謙虚である。

マツコさんは、「私が、デブの女装だから嫉妬されないのだろう」と述べているけれども、そういうことではなく、マツコさんは、人一倍謙虚なので、嫉妬されないのである。だれからもかわいがられるのは、マツコさんが、気配りの達人だからなのだ。

調子に乗るな、たえず謙虚であれ

メディアに出る人間って、ただでさえ周りからチヤホヤされて、自分を見失いがち。常に「自分は決して選ばれた人間ではない」と自覚していないと、とんでもない勘違いをしちゃう。

（『続・世迷いごと』p70）

少し人気が出たからといって、調子に乗ってしまうタレントがいる。そういうタレントは、消えるのも早い。

かつて私は、有吉弘行さんの分析を行なったこともあるのだが、有吉さんも、猿岩石で一躍、「時の人」になったときに、調子に乗りすぎてまったく仕事がこなくなってしまったと語っている。

堀江貴文さんも、ライブドアの社長時代には、調子に乗りすぎて鼻につくところがあったが、挫折を経験してからはずいぶん謙虚になった。

調子に乗っていたら、瞬く間に人気は消える。

したがって、いくら人気者になっても、決して驕《おご》ることなく、いやむしろ、かえって人気が出てからのほうが謙虚にならなければならないのだといえる。

米国ロードアイランド州にあるブラウン大学のジェームズ・クーランは、「人付き合いの能力」の高い人ほど、自分の能力を過小評価する傾向があることを突き止めている。

人付き合いがヘタな人ほど、自分に高い点数をつけたがるものであるが、能力が高い人は、逆に、ものすごく謙虚に、自分の能力を低く評価したというのだ。

「自分は、頭がいい」
「私は、顔が整っている」
「私は、お笑いの才能がある」

などと自分に自信を持つのは、けっこうなことであるが、それが度を越してはならない。

むしろ、**自分には多少厳しいくらいの判定をして、謙虚でなければならない。**

マツコさんは、自分のことを人気者なのだとは思っていないのだろうと思う。人気者だと思っていないから、調子に乗ることもなく、謙虚でいられるのではないかと私は考えている。

日本語には、「実るほど頭が下がる稲穂かな」という名言がある。

よく実った稲穂ほど、だれにでも頭を下げて、腰が低いという意味なのであるが、人気者になったり、成功者になったりしたときにも、この心構えを忘れてはならないと思う。

調子に乗っていると、必ず、それを妬む人が出てくる。

けれども、こちらが徹底的に下に、下に出るようにすれば、妬む人でさえ毒気が抜かれるというか、「まあ、こんなに腰が低いのなら許してやるか」という気持ちになってしまうのである。

マツコさんが、戦略的に、意図的に謙虚さのアピールをしているとは思われないので、おそらくは生来の性格からして、気遣いや気配りができる人なのであろう。こういうところは、ぜひ読者のみなさんにも見習ってほしいところである。

第2章

悪用厳禁!

マツコだけが知っている

人付き合いの

極意と裏ワザ

いったん冷たくしてから、温かさを見せる心理ワザを身につけろ

会見で下着の色を聞いてきた記者には「協力しません！」と叫んだ直後に、すかさず別の記者へ「うすい緑よ」とダミ声でささやき、その場の全員に教える。そんなバランス感覚を持っているのだ。

（『FRIDAY 臨増』2010.12.15日号 p110）

質問してくる記者に、「協力しません！」と言うのは、冷たい対応である。しかし、その後で、ちゃんと質問した記者にも聞こえるように、答えを言ってあげる。こういう態度が、マツコさんが好かれる理由のひとつ。

最初から温かな態度をとるより、いったん冷たくしてみる。

すると、いったん冷たくしたことがアクセントとして働いて、その後の温かな態度が、さ

らに強調される。

これを心理学では、**「ゲイン・ロス効果」**と呼んでいる。

イリノイ大学のジェラルド・クロアは、最初は素っ気なく、冷たい態度をとっておきながら、その後で温かな態度をとる人物ほど好印象を与えることを確認している。わざと冷たくするのは、とても効果的なやり方なのだ。

女性でもそうで、最初はつれない態度をとっていたのに、次第に心を許してくれる女性のほうが、男性にはモテるといわれている。いわゆる「ツンデレ」である。最初はツンツンしていても、そのうち「デレる」（甘える）女性ほど、男性には好意的に映るものらしい。

ゲイン・ロス効果は、いろいろな場面で応用することができる。

「ちょっと手伝ってよ」とだれかに頼まれたときには、「手伝いません！」といったん断ってみせ、すぐに「……で、何を手伝えばいいの？」と笑いながら援助を申し出るのである。そのほうが、最初から引き受けるよりも、はるかに相手を喜ばせるであろう。

上司から、「今週中に、なんとか書類をまとめられる？」と質問されたときにも、「ムリです！」とはっきり断ってみせるのである。その直後に、「まあ、やってみますけど、期待しないでくださいよ」と続ければ、上司もあなたのことが大好きになってしまうのではないか。少なくとも、心理学的にはそのような予想が立てられる。

ただし、**相手に冷たくしたら、できるだけ間をおかずに、温かい対応をしたほうがいいであろう。**あまり間をおいてしまうと、「冷たい仕打ちを受けた」という感情が固定されてしまうからである。あくまでも冗談っぽく、軽くつれない態度をとってみせて、間髪を入れずに温かくするのがいいであろう。

いったん相手を落とすというのは、とても効果的なやり方である。

「お前はドジだな」

と、わざと相手が傷つくようなことを言っておいて、

「そんなところが、俺は好きなんだけどね」

と笑って続けるのであれば、やはり、ゲイン・ロス効果が働いて、「あなたが好きだ」といきなり言う場合よりも、はるかに相手を喜ばせることができるのではないかと思う。

たっぷり贈り物をしろ。ただし「見返り」は絶対に求めるな

いちばんすごいのは、スタッフが昇進したり、結婚したと聞くと、お祝いを贈るのを欠かさないこと。（中略）ここ数年、マツコさんから毎年〝お年玉〟をもらっています。ADからプロデューサーまで、スタッフ全員にくれるんですよ。

（『週刊女性』2016.1.19日号 p34）

マツコさんは、人に贈り物をするのが大好きな性格らしい。何かにつけて、人に贈り物をするのである。

だいたい**「人たらし」と呼ばれる人たちは、みな贈り物の達人である**ともいえる。そういえば、名うての人たらしとして知られた田中角栄さんも、人一倍義理堅い人で、贈り物をするのを常としていた。

自分のモノを買うときには、喜んでおカネをつぎ込むのに、ほかの人に贈り物をするときにはケチな人もいる。しかし、マツコさんは逆で、自分にはほとんどお金をかけず、ほかの人への贈り物を惜しまないそうだ。

今年いちばん高い買い物、ベスト10は人へのプレゼントなの。

（『週刊女性』2013.1.8－15合併号 p59）

マツコさんは、自分にはあまりお金をかけない。ウソか本当かはわからないが、洋服など2着しか持っていなくて、それを交互に着ているそうである。

豪勢な食事をするわけでもない。けれども、人に贈り物をするときには、高額なブランド商品などを贈るのだという。すごい人だ。

人付き合いをうまくやりたいなら、惜しみなく贈り物をすべきである。

しかし、ここでひとつ注意点がある。

それは、**決して「見返りを求めない」**ということだ。

「私が、これだけのことをしてあげたんだから、当然、あなたもそれ相応の見返りをしてくれるんでしょうね」などと考えているのなら、そもそも贈り物をするのもやめたほうがいい。なぜなら、贈り物をもらっても相手は不愉快だからだ。

オランダにあるユトレヒト大学のアーク・コンターは、贈り物をすることは、お互いの感情的な結びつきを強化する働きをするが、それには「見返りを求めてはならない」という大切な条件がつくのだという。

「相手から何も返ってこないのに、こちらばかりが贈り物をしていたら、ソンをしてしまうではないか！」

と反論なさりたい読者がいらっしゃるかもしれない。

そう思うのであれば、贈り物をするのはやめたほうがいい。さもしい下心を持って、贈り物をしたところで何の利益もないからである。「ソンをしてしまう」と思うのなら、最初からやらないほうがいい。

相手が喜んでくれることで、自分もうれしい。それだけで私は満足で別に見返りを求めてはいない、という人だけが、贈り物をすればいい。贈り物をするのは有効なテクニックであるが、心に打算が働いていると、それは相手に見抜かれてしまう。

だから、打算のない人だけが、このテクニックを利用してほしい。

「来る者、拒まず」の精神があなたの仕事を成功させる

大手はどこもすり寄ってこないんですよ。私、お金を持ってない出版社と仲良くなるクセがあって、キラキラしてる出版社とは縁がないんです（笑）。

（『週刊朝日』2010.10.8日号 p62）

マツコさんは、タレントとしての活動もしている一方、執筆の仕事もやっている。ところがお付き合いをする出版社は、それほど大手ではないのだという。

そういえば、マツコさんが出演しているテレビ番組は、深夜枠が多い。ゴールデンの、キラキラした時間帯ではないのだが、それでも全然かまわないのだそうだ。自分を選んでくれて、仕事を依頼してくれた人には、喜んで応じるのである。まさに「来る者、拒まず」の精神の体現者だ。

「私は、美人としか付き合わない」
「私は、年上の人としか付き合わない」
「私は、頭の悪い人とは口もききたくない」
「私は、金持ちとしか付き合わない」

もしそんな態度をとっていたら、当然、付き合う人はかなり限定的になり、狭くなってしまう。しかも、**そうやって相手を値踏みして、付き合う人を限定するような人は、たいてい性格も嫌なヤツである。**だから、自分が望む人も寄ってこない。そんなに都合よく、自分の望む人だけが寄ってくることなど、現実にはあり得ない。

人当たりのいい性格の人は、マツコさんのように相手を選んで付き合うわけではない。「だれでもウェルカム」なのである。そういう人のところには、どんどん人が集まってくる。

人付き合いは、確率論。

ごくわずかな人としか付き合わなければ、いい人に出会う確率も少なくなる。**大勢の人と出会い、付き合うからこそ、いい人に出会う確率も増えていくのである。**たくさんクジを引けば、当たる確率が高くなるのと一緒だ。

マツコさんが仕事で大成功しているのは、「来る者、拒まず」を実践しているからであろう。「大手じゃないと付き合わないよ」という態度をとっていたら、今のマツコさんはなかったであろう。

成功している人は、みな人付き合いに積極的だ。

英国ボーンマス大学のクリストファー・オーペンは、さまざまな職種のマネジャーを対象にした調査で、人付き合いに積極的な人（ネットワーク作りに積極的な人）ほど、給料も高く、しかも昇進した数も多い傾向があることを突き止めている。

だれとでも喜んで付き合うこと。

相手の地位やポジション、外見、年収、勤めている会社などによって、相手を見下したり、選んだりするのをやめること。

この2つを守れば、みなさんも人付き合いがうまくなるし、仕事もうまくいくのである。

「コネ」も、決して悪いものではないと心得よ

でもアタシ、「コネのどこがいけないの？」って思っちゃうんだよね。やっぱ、大事なことは全然知らない人には頼めないよね。ある程度知っている人だから、信頼して頼めるわけよ。

（『デラックスじゃない』p165）

政治の世界でも、芸能の世界でも、二世議員、二世タレントは多い。「親のコネ」、「親の七光り」が有効に働くからである。スポーツの世界だって、ビジネスの世界だって、コネは普通に行なわれている。

「コネは悪いものだ」

「コネは、不正だ」

と考える人もいるだろうが、そういう人は、自分にコネがないから嫉妬しているだけであって、もしコネがあったとしたら、自分だってそのコネを利用するに決まっていることを忘れている。

コネは、決して批判されるようなものでもない、とマツコさんは言う。

現実にコネは存在するのだから、それをズルいとか、汚らしいと言ってみても始まらないのである。日本は、立派なコネ社会。昔からコネ社会だったし、今もコネ社会だし、これからもずっとコネ社会であろう。

コネ社会で生きる人間としては、コネを嫌がるのではなく、コネが自分にないのなら、積極的にコネを作っていけるような人間にならなければダメである。コネを否定すること自体、社会人としての適性が欠けている。

コネがないのなら、作ればいい。

当たり前の発想である。

普通の人が出版社に原稿を持ち込んでも、おそらくは本を出版などさせてくれない。けれども、何度も足を運び、編集者の知り合いができれば、その人がコネとなる。そして、その編集者が、仕事をまわしてくれたり、ほかに知り合いの編集者を紹介してくれたりする。本を出版させてもらえるのは、その後だ。

マツコさんが言うように、コネというのは、「信頼」でもある。ある程度、相手のことを知らないと、信頼して何も頼めない。だから、**「コネを作る」というのは、「信頼を作る」という意味**でもある。

アラバマ大学のジョン・スワンは、どういうセールスマンほど販売成績がよいのかについての徹底的な調査を行なって、「お客に信頼されること」がもっとも重要な要因であることを明らかにしている。

経験年数とか、セールス・テクニックとか、立派な会社に勤めているとか、そういうものは、あまり関係がなかった。お客は、信頼した人からしかモノを買わないのである。

セールスマンは、マメな人のほうが成績がよいといわれる。その理由は、足しげくお客を訪問し、手紙などを書いてマメな人のほうが、コネ（と信頼感）を醸成することができるからであろう。

コネを否定してはならない。むしろ、どうすればうまくコネを作ることができるのかを考えられるような人間にならなければダメである。

人付き合いをするときには「だれでも善人」という先入観を持て

こんなまとめにするのはなんだけど、世の中にホントに悪い人はいないんだと思う。

（『続・世迷いごと』p66）

「私が出会う人は、みんな嫌なヤツばかり」という先入観や偏見を持っている人は、イヤな人にしか出会うことができない。なぜなら、相手を悪く見る〝色メガネ〟を持ってしまっているからである。

「人はみな、計算高くて、抜け目ないヤツばかり」

「世の中は、悪魔のような人間しかいない」

と思っていたら、相手と仲良くなることはできない。こちらが悪い先入観を持っていると、それがどうしても表情に出てしまって、悪意のある態度しかとれなくなってしまう。そのため、相手のほうも気分を害し、あなたに好意的なふるまいを見せなくなる。

人付き合いをするにあたっては、むしろ、「みんないい人ばかり」という思い込みを持つことが必要である。

「みんないい人」という〝色メガネ〟をかければ、相手のよいところが目につくようになるし、自分も気持ちのよい、本物の笑顔を見せることができる。そういう態度でのぞめば、相手だって悪い気はしないから、あなたに好意的に接してくれる。

「最近の若者は、使えないヤツばかりだ」と思っていたら、相手が若者だというだけで、悪意のある接し方をしてしまう。そのため、若者も不愉快になって、ふて腐れた態度をとる。当人は、その姿を見て、「それ見たことか！」と思うわけであるが、もともとの自分の悪意のある態度が原因であることには気づかない。

ミシガン大学のサンドラ・マレーは、「相手のいいところ探し」をしてあげることが、人付き合いを円満にすると指摘しているが、こういう態度が大切だ。人間関係がうまくこなせない人は、「相手のイヤなところ探し」ばかりするからダメなのだ。

マレーによると、人間関係には〝予言的な〟ところがあり、出会う人がみな悪い人だと思っていると、予言どおりに悪い人としか出会えず、逆に、いい人ばかりと出会えると思っていれば、やはり予言どおりに、いい人にばかり出会えるそうである。

マツコさんは、どんな人にもいいところ探しをしようという態度を持っている。それは、つぎのようなコメントからもうかがい知ることができる。

これは決して偽善ではなく、この世に生きている意味のない人間なんていないと思ってる。

（『うさぎとマツコの往復書簡　全身ジレンマ』p157）

おかしな先入観や偏見を持つのをやめよう。どうせ先入観を持つのであれば、ポジティブな方向での先入観を持ちたい。**性悪説ではなく性善説でのぞむのが、人付き合いの大切なポイント**だといえよう。

「ありがとう」を口グセにすると、まわりから敵がいなくなる

自分と同じ事務所の人間や周囲にいる人に対して、よくしてくれた相手には、仕事で会った際には必ずお礼を言ったり、無理な話も聞いてくれたりする。

（『サイゾー』2015.9月号 p54）

マツコさんは、自分によくしてくれる人だけではなく、同じ事務所の人がよくしてもらったときにも、「ありがとう」とお礼を言ってくれたりするらしい。

そこまでする人は、あまりいないのではないか。マツコさんが人心掌握術にたけていることは、こういうところからも推察される。

「この前、よくしてくれてありがとう」と自分のことでお礼を言う人は多いと思う。しかし、血がつながっている家族でもない人についてまで、お礼を言うマツコさんのような人

は、めったにいない。

自分以外の人のことも、それが自分にはあまり関係がない人でも、「ありがとう」を口グセにするのは、とてもすばらしいことである。「ありがとう」と言われて、うれしくない人はいないからだ。

男性は、女性に比べると、人付き合いの能力が低いことが心理学のデータから明らかにされているが、その理由は、男性はあまり「ありがとう」という言葉を使わないからである。

米国フェルズ・リサーチ研究所のヴァージニア・クランダールが、幅広い年齢層の1000名を超える男女で行なった調査でも、「ありがとう」という言葉を忘れないようにするのは、どの年齢層であっても女性のほうが一貫して高かったという。

男性は、もっと「ありがとう」という言葉を頻繁に使うべきである。

それこそ、自分には関係がない人のことでも、「我関せず」の態度をとるのではなく、どんどんお礼を言うようなクセをつけたほうがよい。

「うちの部下が、喜んでおりました。私からも、お礼を申し上げます」

と伝えたら、どうなるか。おそらく、お礼を言われた人は、そのことをあなたの部下にも伝えるであろう。そうすれば、部下からも慕われるのではないだろうか。

どこでも「ありがとう」と言っておけば、それを聞いた人は、みなさんが人間として立派な人だということを、いろいろな場所で吹聴《ふいちょう》してくれるかもしれない。それが噂になって、みなさんの印象はさらによくなるかもしれない。

現実には、そこまでうまくいかないかもしれないが、ともかく**「ありがとう」という言葉を言っておくのは悪いことではない。**一日に100回も「ありがとう」と言っている人は、絶対に敵など作らないし、だれもが好意的に接してくれるようになるものである。

嫌われることを恐れず、八方美人になりきってみろ

八方美人と言われても、その場にちゃんと臨機応変に対応できる、節度のある人間でいたいなって。でも反対に、バカって思われてもいいから、この空間は楽しくしなきゃなぁとも思う。

（『クイック・ジャパン』2010.2月号 p92）

一般に、「八方美人」という言葉は、あまりよくないニュアンスで使用される。けれども、だれにでもいい顔を見せるのは、そんなに悪いことなのだろうか。むしろ、好ましいことなのではないか。

マツコさんは、「八方美人でもいいから、その場を楽しくしなさい」とアドバイスしているけれども、この心構えは、非常に大切なものではないかと思う。**八方美人だと人から後ろ**

指をさされるくらいにサービスができれば、たいしたものである。

人当たりが悪くて、その場の空間にうまく合わせることができない人は、付き合っていてもおもしろくもなんともない。

たとえば、みんながお酒を飲んで酔っ払っているのに、ひとりだけウーロン茶を飲んで、落ち着き払っていたら、だれにも相手にされなくなるであろう。

相手が笛を吹いたら、こちらは歌い、踊って調子をとってこそ、人付き合いも楽しくなるのである。お調子者と呼ばれようが、八方美人と呼ばれようが、それでも相手を楽しませることを考えている人間のほうが、その場の雰囲気を乱す人に比べればはるかにマシである。

「八方美人だと逆に嫌われてしまうのでは？」と考える読者もいらっしゃると思うが、そのような心配は杞憂《きゆう》だと申し上げておきたい。

ディズニー・リゾートのキャストのみなさんは、どんなお客さん（ゲスト）にも、とても気持ちのいい対応をしてくれる。だれに対しても、分け隔てなく、素敵な笑顔を見せてくれる。

そんなキャストは、八方美人的に愛想を振りまいているわけであるが、それを嫌うお客さんは、ひとりもいないではないか。

たいていのお客さんは、とても気分がよくなるし、「また来よう」という気持ちになる。だからディズニーでは、お客さんのリピーター率が95％以上ともいわれているのである。

つまり、八方美人は、悪いことでもなんでもなく、現実にはとても効果的なやり方なのである。


こちらが愛想を振りまけば、相手だって気分が悪かろうはずがない。

むしろ、こちらが微笑んで対応すれば、相手からも微笑みが返ってくる。

アムステルダム大学のアニーク・ヴルートが、知らない人に笑顔で声をかける実験をしたところ、64・9％の確率で相手からも笑顔が返されてきたという。ところが同じ人が無表情で声をかけたら、相手も無表情のままだったという。

八方美人になって、だれにでも笑顔を見せていれば、みなさんにも笑顔が返ってくるのである。しかも、かなりの高確率で、そうなるのである。

マツコさんは、一緒に仕事をしている制作者の人たちを笑顔にする名人だが、それはマツコさんがニコニコして、八方美人的にふるまっているからであろう。どんどん笑顔を見せるからこそ、周囲にもその笑顔が感染して広がっていくのだ。

不用意に敵を作らないためにも、どんどん笑われる存在になったほうがいい

頭のいい人間は敵ができる。スポーツができても疎《うと》ましがられる。でも、おもしろい人間が嫌だって人いないいじゃん？

（『うさぎとマツコの往復書簡　全身ジレンマ』p203－204）

何事も、過ぎたるはなお及ばざるがごとし、と言われる。ちょっぴり頭がいい人は好かれるが、頭がよすぎると今度は敬遠される。人よりほんの少し仕事ができる人は重宝がられるが、抜群に仕事ができる人は、煙たがられる。

ところが、「おもしろさ」については、これがない。

どんなに「おもしろすぎる」からといっても、嫌われることはないのである。だから、徹底的におもしろい存在、お調子者、ひょうきん者を目指すとよい。

落語や漫画の主人公は、たいてい粗忽者《そこつ》である。そそっかしい人は笑い者にされるが、愛嬌があるので親しまれる。みんなに笑われるのは、愛されているからである。人が笑ってくれるのは、悪意がないことのあらわれ。だから、どんどん笑われる存在になったほうがいいのである。

ニュージーランドにあるカンタベリー大学のガース・フレッチャーは、100名の大学生に「理想のパートナー」について尋ねてみたことがある。すると、68%は、「ユーモアセンスがある人」を挙げたのだ。

「社交的な人」を挙げた人が52%、「思いやりがある人」を挙げた人も同じく52%だったことを考えると、「おもしろい人」がいかに好かれるのかがわかるであろう。おもしろい人は、社交的な人や思いやりがある人よりも上位なのだ。

明るく、陽気にふるまっていれば、敵を作らない。

普段からニコニコしていれば、だれもあなたに敵意を持ったりはしないし、好意的に接してくれる。もし、あなたがほかの人からイヤなことを頻繁にされるのだとしたら、それは愛嬌の振りまき方が、足らないのだ。

マツコさんは、どんな仕事をするときでも、その場の空気を明るくすることを考えているという。自分を笑われる存在として位置づけ、どんどん笑ってもらうように仕向けるのである。そんな配慮ができるからこそ、みなマツコさんのファンになっていく。

読者のみなさんは、お笑い芸人ではないのだから、そんなに人を笑わせる必要はないと思うかもしれないが、それは考え違いというもの。たっぷりとお笑いの勉強をし、人を笑わせる努力をしなければならない。

そういう努力は、どんな業種で働く人にも必要であろうと思われる。

少しくらい臆病なほうが、慎重でソツのないふるまいができる

アナタはお隣さんからあまりよく思われていないということを前提にお付き合いしなければならなかったのではないでしょうか？

（『続あまから人生相談』p95）

「ひょっとすると、自分は嫌われているのかもしれない」と慎重になることは、とても重要である。

「嫌われているのかもしれないぞ」と思えば、言葉遣いも丁寧になるであろうし、それ以上嫌われないように、相手にも気遣いをするようになるからである。**人間関係では、多少の不安があったほうが慎重なふるまいができる**のである。

「私は、だれからも好かれるに決まっている」と思い込んでいると、傍若無人《ぼうじゃくぶじん》なふるまい

をしてしまう。けれども、「嫌われるかも？」という不安を感じている人は、嫌われないようにあれこれと気を遣うであろう。

「ひょっとすると大きな地震がくるかも？」と不安に思えばこそ、いざというときのために、しっかりと準備をする気持ちになる。これっぽっちも不安を感じない人は、備えをまったくしない。だから、いざというときにパニックになる。

人間関係でも、不安を感じるくらいの人のほうが嫌われない努力をする。

そのため、結果としてみると、**不安を感じる人のほうが、ソツのない対応ができるというか、失敗をしない**のである。

「私は、大丈夫」と思っている人は、嫌われないための努力などをしない。旅行に出かけても、お土産《みやげ》を買っていこう、という気持ちにはならない。そんなことをしなくとも、自分が嫌われることはない、と無邪気に信じているからである。

ところが、心配性の人は違う。

どこで人に嫌われるかわかったものではないという不安が高いから、本当は必要がないかもしれないのに、予防線をたくさん張る。だれにでもお土産を買うし、年賀状は絶対に書くし、頼まれていないような仕事まで片づけてしまう。そのため、相手から「いやあ、細かいところによく気がつく人だなあ」と感心してもらえるのだ。

人間関係においては、少しくらい臆病であったほうがいい。

臆病であればこそ、その不安を解消するための行動をいろいろとすることになる。つまり、**臆病や不安は、「よく気がつく人」になる原動力**なのである。

米国ウェイン州立大学のジェフリー・マーティンによると、不安な人のほうが、自分の服装や外見が他人にどう見えるのかを気にするのだそうだ。そして、不安だからこそ、嫌われないように、外見を磨く努力をするのである。

もしみなさんが心配性であるのなら、それは人間としての美徳であり、よいことであると思ったほうがいい。心配性であればこそ、人に対して失礼のないように気をつけることができるからである。

人に奢《おご》るときには、「見返り」を求めてはいけない

おカネの使い方って、性格がすっごく出ると思う。

（『世迷いごと』p62）

マツコさんが指摘するとおり、お金の使い方には、その人の性格が反映される。しみったれた人は、自分のためにはお金を使うくせに、ほかの人のためにはビタ一文さえ惜しむ。ようするにケチなのである。

お金の使い方について言うと、できるだけケチだと思われないようにしたい。

なぜなら、**「ケチな人間」とお付き合いしたいと思う人などいないから**である。ほんのちょっとお金をケチることで、自分の株が下がってしまうのではもったいないし、ほんのちょっとお金を多く出すだけで評価がグンと上がるのなら、そうしたほうがいいに決まってい

る。

みんなで食事をして、会計が近くなると、トイレに行ってしまう人がいる。あるいは、幹事役が催促しているのに、いつまでも財布を出さずにモタモタしている人もいる。

みんなでワリカンをするときなどは、できればほんの少しでもいいから多く払うようにしたい。そのほうが、絶対にウケはよくなる。全部を奢りなさいとは言っていない。ほんの少しだけでいいので、多く出すのである。


ハワイ大学のブレイク・ヘンドリクソンは、115名の大学生たちに、下心を持たず、気持ちよくお酒を奢る人（あるいは奢らない人）のプロフィールを読ませ、その人に対する印象を尋ねてみるという実験をしてみたことがある。

その結果、気持ちよくお酒を奢る人は、奢らない人に比べてかなり好意的に評価してもらえることが明らかにされたという。

別の項目でもちょっと述べたが、マツコさんは、自分についてはお金をほとんど使わないタイプだが、ほかの人には、惜しみなく贈り物をしたり、お祝いをする。とても気持ちのいいお金の使い方であると思う。

所帯を持っていて、お小遣い制のお父さんたちは、自由にできるお金がそんなにないかもしれない。それでも、やはりほかの人にはお金をかけたほうがいい。自分のタバコを我慢したり、お昼の食費を削ってでも、ほかの人のためにお金をとっておくのである。

ちなみに、部下と食事をするとき、領収書をもらったりするのはやめたほうがいい。「なんだ、会社のお金で奢った気になっているんじゃないのかな?」と疑われてしまうからである。領収書をもらっていると、奢られたほうもあまりうれしさは感じない。

どうせ奢るのなら、気持ちよく奢ってあげなければならない。

見返りも求めず、ただ奢ってあげるのである。自腹を切って奢ってあげれば、そのお金は絶対に活《い》きる。人付き合いでは、ケチケチしないことが肝要だ。

友だちの「数」をただ増やしても、あまり意味はない

学校にいる間だけ話す級友はいたけど、それだけ。いまでも連絡を取り合う友達は一人もいない。

（『週刊現代』2015.4.18日号 p58）

マツコさんは、だれとでも打ち解けた関係を作ることができる人のように見えるが、深く結びついているような友だちはあまりいないのだそうだ。

マツコさんは、つぎのようなコメントもしている。

ほぼ無駄な関係。友達って、極端な話、ひとりいれば十分だと思うの。

（『週刊女性』2012.3.6日号）

友だちは、数で決まるのではない。「ひとりで十分」である。マツコさんにとっては、そのひとりは、おそらく作家の中村うさぎさんであろう。自分のことを何でも話せて、心から信頼できる友だちがひとりいれば、それでよいのである。

私は、いろいろな本の中で、「人付き合いは積極的にやりなさい」とアドバイスしているけれども、それは友だちの数を単純に増やしなさい、という意味ではない。うわべだけの付き合いの数を増やしても、あまり意味はないように思う。

大切なのは、「数」ではなく、「質」。

人数は少なくてもいいから、どれだけ深く付き合えるかが人付き合いでは重要になってくる。うわべだけの友だちが100人いるより、本物の親友がひとりだけいたほうが、有意義な付き合いができる。

ドイツにあるフリードリヒ・アレクサンダー大学のハンス・ウォルフによると、新しい関係の「構築」よりも、すでにある付き合いの「維持」のほうが重要であるのだという。「新しい友だちを増やす」ことも、もちろん重要だが、古い友だちと、「どうすれば、もっと仲良くなれるかな？」ということを考えたほうがいいわけだ。

もちろん、うわべだけでも愛想よくふるまって、表面的に、ソツなく付き合いをすることも大切なことである。

職場の人間関係であるとか、ご近所さんとの付き合いのような場合には、うわべだけでも事務的に愛想よくしておくことは必要であろう。人間関係の「深さ」が重要とはいえ、人付き合いを敬遠したり、回避したりするのはよくない。

どうでもいい人との付き合いを適当にうまくこなしながら、本当の友だちとだけ深く付き合う、というバランスをとろう。

あらゆる人間関係を濃密にすることは不可能であるし、その必要もない。基本的にはソツなくこなしながら、好きな人とだけ深く結びついていればよい。

悪口を言っている人を見かけたら、言われている人を守る側にまわろう

あの番組のスタッフは私のスタッフなんだから、あの番組を批判するということは私が批判されているのと同じ。そんなことを言うもんじゃない！

（『週刊現代』2013.1.5－12合併号 p207）

マツコさんの事務所の後輩のコトブキツカサが、ある番組に出演したときのことである。その回のオンエアを見たコトブキが、マツコさんに「自分が意図したことが言えなくて、イヤな部分だけを使われた」と愚痴をこぼした。

それを聞いたマツコさんは、怒りをあらわにしてスタッフをかばったという。なぜなら、そのスタッフは、自分の番組も作ってくれているスタッフだったからだ。もしこのエピソードをスタッフが知ったら、ものすごくマツコさんに感謝したであろう。そして、より一層、

やる気を掻《か》き立てられるであろう。

自分の知り合いが悪口や批判を言われたら、本気で守ってあげよう。

そういうところから、信頼感は生まれてくるからである。

イリノイ大学のジェフリー・パーカーは、小学3年生から5年生までの子ども881名を対象にして、どういう子どもほど、クラスメートから受け入れられるのかを調べてみたことがある。

すると、友だちから人気が高い子どもの特徴のひとつは、「陰で、私の悪口を言っている人を止めてくれる」人であったという。そういう正義感のある子どもほど、「あの人と仲良くなりたい」と思ってもらえるのだ。

職場で、その場にいない人の悪口を言っている人を見かけたら、みなさんは一緒になって悪口を言うのではなく、むしろその人を守る側にまわろう。

「一応、あいつとは同期だから、悪口はやめようよ」

「みんなの気持ちもわかるけど、悪口ってカッコ悪いよ」

そんな感じで、やんわりとたしなめて、悪口をやめさせる方向で動くのである。悪口を言っている人は、途中でとめられて不愉快な思いをするかもしれないが、「悪口をとめた」あなたの株は確実に上がる。

そんなに親しくもない人でも、悪口を言われていたら、とりあえずはかばってあげたほうがいい。そこまでの正義感を見せることができないなら、せめて悪口を言っている場から、すぐに立ち去ろう。その場にいるだけで、あなた自身も、一緒に悪口を言っていたと思われてしまうからである。

「壁に耳あり障子に目あり」と言うが、悪口を言っていると、必ず、その悪口は言われた当人の耳にそのうち入ってしまう。悪口を言われた人は、悪口を言った人を恨みに思うし、人間関係がギスギスしてしまう。

悪口は、自分では言わないし、他人が言っているときには、止めるのが正解である。

人付き合いは「技術」。場数を増やせば、だれでも上手になれる

デブだろうがなんだろうが、人生ってのは、人との交流を繰り返すこと、コミュニケーションを重ねるってこと。だから、デブをコンプレックスやいいわけにして、人付き合いをしない自分を正当化しないで。

（『あまから人生相談』p144）

「私は、ブサイクだから」とか、「デブだから、だれも相手にしてくれないよ」と考えて、人付き合いを避ける人がいる。

しかし、人生というのは、人付き合いで成り立っていると言っても過言ではない。

どこかの山奥で隠遁《いんとん》生活でもできればいいのだが、現実には人付き合いを避けることはできない。したがって、できるだけ積極的に人付き合いをし、人付き合いに「慣れて」しまっ

たほうがいいわけである。

人付き合いを避けていたら、いつまでも人付き合いの〝技術〟を磨くことはできない。

けれども、我慢してでも人付き合いをするようにすれば、自然と技術が磨かれ、付き合い方もうまくなっていく。そして、付き合い方がうまくなってくると、「なんだ、けっこう人付き合いも、楽しいじゃないか」ということに気づくことができる。

私たちは、いろいろな言い訳を考えては、自分が行動しないことを正当化しようとする。

しかし、そんな正当化をしたところで、事態が好転するわけではない。

自分に言い訳を許してはならない。言い訳が頭に浮かびそうになったら、すぐにそれを打ち消さなければならない。特に、人付き合いについてはそうである。

私たちが生きていく上で、もっとも大切で、もっとも有用なのは、人付き合いの技術。英語が話せるとか、自動車の運転ができるとか、そういう技術ももちろん大切ではあるが、それ以上に重要なのは、人付き合いがうまくできることである。人付き合いさえうまくできれば、幸せな結婚もできるし、仕事もうまくいくし、人生が楽しくなる。

カナダにあるカールトン大学のローレイン・ダイクは、さまざまな事業で成功した男女に、「あなたが成功した理由は何ですか？」と尋ねてみたところ、75％が「人間関係」を挙げたという。人付き合いがうまくできれば、どんな仕事をしていても、うまくいくのだ。

人付き合いができないと、どんな仕事をしていても苦痛であろう。

職場に行くのも、気が重くなるであろう。

一生、そのような気持ちを感じ続けるくらいであれば、どんどん人付き合いを重ねて、人付き合いに慣れてしまったほうがいい。

人付き合いは技術であるから、付き合いを増やせば増やすほど、だれでもうまくできるようになる。自分に言い訳をして、人付き合いを避けないようにすれば、だれでも人付き合いはできるようになることを保証しよう。

第3章

会った瞬間から優位に立つ！マツコの「人心掌握テクニック」

マツコ・デラックス流・場の空気を瞬時に読む方法

その都度、その場の雰囲気を読んで、いかに要領よくやるかを考えて。それが所作ね、アタシの。

（『うさぎとマツコの往復書簡② 自虐ドキュメント』p14）

マツコさんは、何でも言いたい放題なことを言っているイメージがあるが、本当はとても細心であり、場の空気を読みながら行動をとっているのだそうだ。

だれかれかまわず噛みついているように見えても、本当は、「テレビの視聴者はみんな、こういう発言を聞きたいんだろうな」ということを読んで、その期待に応えるような発言をしているのである。

言いたいことを何でも口に出してしまうのは、ただのおバカさんである。

マツコさんは、そうではない。ちゃんと場の空気を読みながら、計算をして行動をしているのである。

マツコさんが、あれほど毒舌を吐いても、人に好かれるのは、ちゃんと空気を読んでいるからである。毒舌を吐かれた人でさえ、マツコさんのファンになってしまうのは、それがただの毒ではないからであろう。

しばらく前に、「EQ」（感情知能）という言葉が流行《はや》った。

頭のよさである「IQ」ではなく、他人の感情に敏感になり、ソツのない行動をとることができる「EQ」のほうが、社会で成功するためには重要であるというのである。マツコさんは、EQがとても高い人なのであろう。

米国ヴァージニア州にあるロングウッド大学のアーネスト・オーボイルによると、他人の心に敏感な人、すなわちEQの高い人は、どの業界でも高い業績をあげるそうであるが、マツコさんはほかの人に対する敏感さを持っているからこそ、メディアで成功しているのであろう。

では、どうすれば場の空気が読めるようになるのか。

そのためには、いつでも目の前の人のことをじっくりと観察しながら接するクセを身につけなければならない。

目の前の人は退屈していないか、楽しんでくれているのか、怒ったりしていないか。そういうことを相手の表情から読み取る訓練をするのである。

慣れてくれば、相手のちょっとしたしぐさや、表情の変化などから、相手の気持ちを敏感に察することができるようになる。**大切なのは、興味を持って相手を観察すること**である。

マツコさんは、豪放磊落《ごうほうらいらく》なように見えて、実は、とても繊細に相手を観察しているのである。だから、ソツのない対応がとれるのである。

自分のファンを増やしたいなら、あえて弱みをさらけ出せ

ホームページが完璧だと、「オマエんところはアタシがいなくても大丈夫。生きていける」と思うけど、手作りで「やっとホームページを作ることができました」、みたいな田舎の商店は応援しちゃうね。

（『デラックスじゃない』p200）

マツコさんが、ネットショッピングをするときには、大手の立派なところではなくて、もっと小さなところで買い物をするそうである。

母性愛が強く、弱者の味方であるマツコさんは、小さいところ、弱そうなところを放っておけないのであろう。

強がりを見せるのではなく、むしろ、自分の弱みを積極的に出すようにすると、「そんな

ところが、いいじゃん」と言ってくれる人が出てくる。マツコさん自身も、そういう人が好きらしい。

弱い人間をアピールすることで、人に好かれるという戦略がある。

これを心理学では、**「アンダードッグ効果」**と呼んでいる。

アンダードッグというのは、「川に落ちてしまったかわいそうな犬」のことであり、私たちは、かわいそうな境遇にある人や、自分よりも弱い立場の人を見ると、ついつい助けの手を差し伸べたくなってしまうところがあるのだ。

アンダードッグ効果を狙って、あえて弱い自分をアピールするのもよい。

そうやって自分のファンを増やすのも、ひとつの作戦だ。

政治家の選挙活動では、「泣き落とし」というやり方が知られている。「このままでは、負けてしまいます。助けてください！」と涙ながらに訴えると、有権者はついほだされてしまって、その人を応援したくなる。

コーネル大学のステファン・セシは、「候補者のだれそれが劣勢」とマスコミで報道されると、アンダードッグ効果が働いて、結果として票を集めて当選してしまうことがあると述べている。

ちなみに、マツコさん自身も、ご本人は気づいていないだろうが、アンダードッグ効果をよく使っている。

本書を執筆するにあたって、私は、マツコさんが執筆したり、しゃべったりしている資料を徹底的に精査してみたのだが、「私って、ダメね」といった〝弱さ〟を随所に見つけることができた。

マツコさん自身は、身長も高いし、大柄なので、人に守ってもらう必要がなさそうな印象を受けるが、時として「弱さ」を見せることによって、周囲の人たちからのサポートを引き出しているのではないかと思われる。

人に親切を施すと、ちゃんと親切が返ってくる

アナタはお悩み文を「誰も私に優しくしてくれない」と締めているんだけど、それはアナタ自身が周囲の人たちに優しくすることができなかったから、そういう事態に陥っているんじゃないのかしら？（中略）人に優しくされたいのであれば、自分も人に優しくしてあげなければならないの。

（『続あまから人生相談』p20－21）

「まずは自分から人にやさしくしなさい。そうすれば、あなた自身も人にやさしくしてもらえるわよ」

これがマツコさんの言わんとしている趣旨である。

自分からは人に対してやさしいことを何もしていないのに、相手からはやさしくしてもら

いたい、というのは、ずいぶん虫のいい話ではないか。世の中というのは、そんなに都合よくいかないものなのだ。

やさしくしてもらいたいなら、まずは自分のほうから率先して、どんどん親切にすればいい。そうすれば、相手からも、そのうちにちゃんとやさしさが返ってくるはずだとマツコさんは述べている。

マツコさんは、心理学のことをご存知ないのかもしれないが、まさにそのとおりのことが起きる。こちらが親切を施すと、相手からも親切が返ってくるのである。これを、心理学では**「好意の返報性」**と呼んでいる。こちらが好意を示せば、相手も好意を返してくれる（返報してくれる）のである。

ひとつデータをご紹介しよう。

ニューヨーク州立大学のロビン・ブラウアーは、106組の上司と部下の関係について調べてみた。上司には、部下に得点をつけさせ（部下の人付き合いのうまさは何点くらいだと思うか、理解力のある人間だと思うか、など）、同じ質問を、部下にもしてみた。つまり、上司と部下が、お互いの点数をつけ合ったのである。

その結果、非常におもしろい現象が見られた。

上司が部下に高い点数をつけているペアでは、部下のほうもちゃんと同じくらい高い点数を上司につけていたのである。つまり、お互いの評価には、高い返報性が見られたのだ。

もしみなさんが、ほかの人に対して、20点とか、30点とか、とにかく低い点数しかつけないような人間だったらどうなるか。おそらくは、みなさん自身も、ほかの人から低い点数しかつけてもらえないであろう。

逆に、もしみなさんが、出会う人すべてに100点をつけてあげ、「あなたは最高の人だ！」と評価してあげたらどうなるか。おそらくは、みなさんも、100点満点をつけてもらえるはずである。

人に好かれたいのなら、まずは自分から相手を好きになろう。

そうすれば、相手もみなさんのことを好きになってくれる。

人にやさしくしてもらいたいのなら、まずは自分からやさしいことをしてあげなければダメである。自分が先にやさしくしてあげるからこそ、相手からもやさしさが返ってくるものなのだから。

厳しいことを言った後には、きちんとフォローをせよ

制作プロデューサーの大橋豪さん（37）は、ディレクター時代、仕切りが悪いとマツコさんに現場でこっぴどく怒られた。「こたえました。でも、その晩に『あんただけが悪いんじゃないってことはわかっているから』と、マツコさんから電話をもらって逆に奮起しましたね」

（『AERA』2015.4.6日号 p24）

マツコさんは、厳しいことを言うけれども、その後のフォローも決して忘れない。叱り飛ばすだけではなくて、アフターフォローもついてくる。だから、みなマツコさんにまいってしまう。

経営の神様と謳《うた》われた松下幸之助さんも、叱るのがうまい人だった。

松下さんが怒鳴り散らし、その場では、「コンチクショウ！」と感じた人でも、その後でフォローをされて発奮したというエピソードは多い。マツコさんは、松下幸之助にも通じる叱責《しっせき》の達人だといえる。

マツコさんについては、つぎのような話もある。

収録現場で叱責されることもあるけど、後々になって「私ってめんどくさいでしょ？でも仕事って、人生ってそういうことなのよね」って諭《さと》されると、つい、言うことを聞いてしまう。

（『サイゾー』2015.9月号 p55）

人間なのだから、つい言いすぎてしまうこともある。

それはそれでよい。

しかし、**大切なのは、その後のフォロー。それさえしっかり気をつければ、言いすぎることを怖れることもない。**

そういえば、ちょっと話はズレるかもしれないが、医療訴訟の半数以上は、医療行為そのものの問題ではなくて、ミスをした後の医者や経営者の態度、事後のフォロー不足によるものだといわれている。人間なのだから失敗もあるだろうが、「ごめんなさい」と素直に謝らないから、患者も怒って医療訴訟に踏み切るのである。

2001年にミシガン大学病院は、医療ミスをした場合には、素直にミスを認めて、患者に丁寧に説明をするプロジェクトを立ち上げた。

すると、それまでの6年間はミスを公表しない方針だったのだが、このプロジェクトによって、医療訴訟が半分に減ったという（年間39件から17件になった）。これは、ブリガム＆ウーマンズ・ホスピタルのアレン・カチャリアが報告している事例である。

人間なのだから、必要以上に怒ってしまったり、言ってはならないことを言ってしまったり、というミスはつきものだ。

しかし、**その後のフォローをきちんとすることができれば、ミス自体はそんなに怖れるようなことでもないのである。**むしろ、フォローを見事にできれば、かえって自分の評価が高くなることさえあるのだということを覚えておこう。

人の心をつかみたいなら、たえず相手を意識する気配りを持て

「今日は面白くなかったわよね。どれくらい使われるかしら、お姉さん的に何分？」と尺を気にして聞いてきます。

（『女性自身』2016.1.5－12合併号）

マツコさんが、人の心をつかむのがうまいのは、周囲の人のことをきちんと観察しているからだ。相手のことを冷静に観察しているからこそ、場の空気も読めるし、気遣いもできるのである。

ここに紹介したのは、ワイドショーリポーターの長谷川まさ子さんの発言である。長谷川さんによると、マツコさんは、いつでも番組制作者のことを気遣っているそうだ。

言いたい放題のことを言っているように見えて、実は、自分の発言がおもしろいのか、そ

れともおもしろくないのかを、関係者の顔色を見ながら冷静に判断している。だから、マツコさんは「今日は、おもしろくないことばかり言って、尺が足らなかったら、ごめんなさいね」とお詫びすることもできるのである。

なぜ、マスコミ関係者からマツコさんが気に入られているのか。

その理由は、相手のことを気遣った「神対応」（神さまに対するような丁寧な対応）ができるからなのである。

コロンビア大学のロイ・チュアが、銀行業、IT業界、コンサルタント業界で働くマネジャーたちを調べたところ、有能であるとか、経験があるとか、そういうことよりも、気配りができて、思いやりやさしさを示すことができるかのほうが、マネジャーとしての力量は高かったという。

おもしろいことだけを言えばいいのなら、マツコさんよりも、おもしろいことを話せる芸人さんは、おそらくたくさんいるのであろう。

しかし、周囲の人を気遣いながら、番組を制作できるのはマツコさんしかいない。だから、マツコさんは、どこの局からも、どこの番組制作者からも求められるのである。

相手に対する気配りができなければ、いくらおもしろいことが話せる人でも、そのうちに仕事の依頼がこなくなる。なぜなら、気配りができない人は、「嫌なヤツ」だからであり、人気があるうちならまだしも、そうでなくなったら、真っ先に切られてしまう。

会社でもそうで、「仕事ができるけれども、気配りのできない、嫌なヤツ」は、会社の業績が悪くなると、真っ先にリストラの対象になる。**気配りができるかどうかは、実は、ものすごく重要なこと**なのである。

毒舌を吐くときには、「愛」を含んだ毒舌にしろ

みなさんからすれば悪口以外には考えられないような発言だったとしても、屈折した愛情表現だったりすることも案外多くて、案外と可愛げがあるオカマなんですよ。

（『うさぎとマツコの往復書簡② 自虐ドキュメント』p82）

八百屋さんであるとか、魚屋さんであるとか、ご夫婦だけで経営しているお店では、奥さんと旦那さんが、お互いにお互いをからかいながら楽しそうに仕事をしていることが少なくない。

奥さんも、旦那さんも、言葉だけで言えば、けっこうひどい悪口を言い合っているのに、どこか楽しそうだ。それもそのはず、お互いのからかいには、「愛情」が含まれているからである。

マツコさんといえば、辛口のコメントが売り物であるが、そこには「愛情」が多分に含まれている。

「アンタは、そういうところがダメなの！」とマツコさんが言ったとしても、それは単なる毒舌ではなくて、「あなたは、そういうところを改めれば、もっと魅力的になれるはずよ！」という勇気づけというか、エールというか、助言が含まれているのである。

辛口のコメントを言われたほうも、それはわかる。だから、マツコさんのことを嫌いになったりはしないのである。

大切なのは、相手に対して、〝本当の愛情〟を感じているかどうか。

愛情さえ持っていれば、たとえ、言葉は厳しくとも、その愛情は相手に伝わる。

ところが、まったく愛情を持っていない場合には、どうしても声が厳しくなったり表情が険しくなったりして、相手にもそれが伝わる。だから、悪く言われると不愉快になってしまうのである。

愛情があって、口だけでケンカをしている夫婦では、悪口を言い合いながらも、お互いに笑っている。からかい合うことが、楽しいのであろう。

ところが、愛情のない夫婦では、それほどひどい言葉は言っていないのに、胸をかきむしられたような痛みを相手に与えてしまう。

ニュージーランドにあるカンタベリー大学のガース・フレッチャーによると、「人間関係のクオリティ」は、相手に対して抱く「愛情の量」によって決まるという。**愛情を感じながら接することが、人付き合いでは重要**である。

マツコさんは、だれに対しても、女性的な愛情を感じているのではないかと思う。だからこそ、厳しいことを言っても許されるのだ。

部下を怒鳴り散らしても、部下から慕われる上司がいる一方で、それなりにホメているようでも、部下から蛇蝎《だかつ》のごとく嫌われてしまう上司もいる。その違いは、部下に対して愛情を持っているかどうかによる。

愛情を持って接することのできる上司なら、どんなに叱責しても部下には慕われる。なぜなら叱責の裏側にある愛情を、きちんと部下は受け取るからである。

人気者になりたいのなら、とにかく「世話焼き」人間になれ

それが大きなお世話以外の何ものでもないことぐらいは解っているわ。でもね、自分でもいったい何故に、あんなにも相手への思い、要はお世話心がわき上がってくるのか、皆目見当がつかないのよ。

（『うさぎとマツコの往復書簡②　自虐ドキュメント』p223）

マツコさんは、だれに対しても愛情が強いのではないか、という話をした。「愛情が強い」というのは、言い換えれば、「世話焼き」だということでもある。

たとえば、パーティに参加したとき、ひとりでつまらなそうにポツンと立っている人がいるとしよう。マツコさんなら、気を遣ってその人に声をかけるであろう。世話焼きができる人なのである。

困っている人を見つけたら、世話焼き人間なら「何か、お困りですか？」と声をかけるであろう。自分は担当ではないからとか、自分には関係がないから、といって放っておくことができないのが、世話焼き人間の特徴である。マツコさんは、おそらくそういうタイプなのだろう。

今でも、田舎のほうに行けば、世話焼きな人は大勢いる。世話焼きのおばちゃんは、自分の家族でも、知り合いでもない人にも、とても親切だ。

ところが、都会では、お互いのことは極力口を出さないほうがいいという目に見えないルールがあって、お互いに知らんぷりしている人が少なくない。だから、都会の人はどんどん冷たくなっていき、義理や人情を忘れ、世話を焼きたがらなくなっているのではないか、と思われる。

「おせっかい」をすることは、決して悪いことではない。

相手のためを思ってやってあげることに、悪いことなどはない。

「ありがた迷惑」などという言葉もあるが、迷惑になることを怖れていたら、親切などできなくなる。だから、**遠慮なく、図々しく、親切の押し売りをするくらいでちょうどいい**のではないかと思う。

上司に好かれる部下は、上司の行動の先を読んで、上司の代わりにどんどん仕事を片づけてしまうような部下である。

「課長、今週の会議の資料を作っておきましたから」

「部長、忘年会のお店も、僕が予約しておきましたから」

こんな感じで、**ホイホイとお節介をする部下のほうが、上司はかわいいと思うもの**である。逆のことは、好かれる上司にもいえる。**部下が困っていたら、すぐに駆けつけてくれて世話を焼いてくれる上司が、理想の上司**だといえる。

ミシガン大学のデビッド・バスは、92組の夫婦に、「あなたは、どういう理由で結婚したのですか?」と質問する調査を行なってみたのだが、第1位の理由は、「あれこれと世話を焼いてくれたから」であったという。親切にしてもらえれば、人はうれしいのである。親切にしてもらって、「ありがた迷惑だ」とはあまり思われないのである。

マツコさんが人気なのは、とんでもなく世話焼きな人だから。

自分にかかわりのある人すべて、いや、かかわりのない人にさえ親切なふるまいができるので、マツコさんはだれからも信用され、頼りにされるのであろう。

「無償の愛」で相手に接するのが、ビジネス成功への近道

母の無償の愛に近いかたちで、何故かアタシのことを気に掛けてくれる人がいて、随分と助けられてきたってこと。それが、ひとりで全部やってきた風な生意気なことを言って、それらの人たちがいなかったら、今頃アタシは野垂れ死んでてもおかしくないのに、本当にアタシって、図々しい女装よね。

（『うさぎとマツコの往復書簡　全身ジレンマ』p28）

マツコさんは、ほかの人からたっぷりと「無償の愛」を受けたからこそ、現在の自分がある、ということをちゃんとわかっている。マツコさんは、いろいろな場所で作家の中村うさぎさんへの感謝を述べているが、うさぎさんが社会へ引きずり出してくれたからこそ、今のマツコさんがあるのである。

マツコさん自身、多くの人からの愛情を受けながらここまでくることができた。だからこそ、マツコさんも、同じことをほかの人にやってあげるのであろう。だからこそ、お節介な世話焼き人間になれたのだと考えられる。

カナダにあるウィニペグ大学のビバリー・ファーによると、愛の典型例とは、母性愛であるという。愛情には、友情であるとか、家族愛であるとか、兄弟愛であるとか、いろいろな形があるのだが、本当の愛情というのは、母性愛に尽きるのだそうだ。

では、母性愛の特徴とは何なのか。

それは、**打算のない愛情**である。

母親は、何か見返りを求めて子どもに愛情を注ぐのではない。自分が年をとったら、子供が面倒を見てくれるから、仕方なく育ててやっているのではない。もし、そういう打算的な意識で子育てをしているのなら、それは母性愛でもなんでもない。

相手が自分に何かしてくれるから、自分も愛情を返してやろう、というのではよくない。

マツコさんは、そういう打算を働かせることなく、ただただ、ほかの人のために世話を焼いている。無償の愛なのである。そんなマツコさんだからこそ、魅力的なのだろう。

打算を働かせて相手に近づこうとしても、そういう下心は、たいてい相手にバレてしまうものである。

ビジネスでもそうで、見苦しい下心を持ちながら相手に近寄っていっても、そういう試みは、ほぼ確実に失敗する。

マツコさんは、「ひとりで全部やってきた」ような生意気な態度をとっていると述べているが、これは単なる照れ隠しであろう。

本当は、いろいろな人から無償の愛を受け取りながらここまできたことをきちんと自覚している。だから、その〝恩返し〟として、ほかの人にも無償の愛を注ぐことができるのではないかと思われる。

苦手な人にまで無理に好かれようとしなくてもいい

出版社はこんなにたくさんあるんですから。テレビ局なんて、ＭＸテレビを入れても民放は６局しかないんです。

（『エンタクシー』2012.4 日号 p93）

これは、芥川賞作家の西村賢太さんに対してマツコさんが話していることである。西村さんが、「苦手な出版社がある」とボヤいたとき、マツコさんは、出版社などいくらでもあるのだから、気の合う出版社と付き合えばいいのでは、と答えた。
テレビは６局しかないので、なかなか選ぶということはできないが、出版社なら星の数ほどもあるのだから、自分の付き合いやすいところを選べばよい。ムリをして苦手なところとまでお付き合いしなくてよい、というわけだ。

本書では、できるだけ万人に好かれるためのテクニックをご紹介していくが、そうはいっても、１００人中１００人に好かれる、というのは、とても困難であるし、ほぼ不可能であろう。

多くの人に好印象を与えるタレントさんだって、そういう人を嫌う人は、世の中にはいくらでも出てくる。それはもう、どうしようもないのであって、そういう人にまで好かれようとしなくてもいいのではないか。

どれだけ好かれる努力をしても、

「ごめん、やっぱり私は、あなたとは気が合わない」
「ごめん、やっぱり生理的にムリ」

という相手はいる。

「肌が合わない」と感じたときには、できるだけその人と付き合うのを避けたほうが、お互いによいのではないか、と思う。人間の努力には限界があるのであって、どうしてもダメなときには、どんなに逆立ちしたところで、やっぱりダメなのである。

米国ケンタッキー州にあるルイビル大学のマイケル・カニンガムは、私たちは、ある特定の人に対しては、小麦や花粉などと同じような「アレルギー反応」を示すと指摘している。

私たちは、ある特定の人には、顔を合わせるだけで虫唾《むしず》が走るというか、嫌悪感が生じてしまうのである。これをカニンガムは、**「社会的アレルゲン」**と名づけた。いったん、自分が相手にとってのアレルゲン（アレルギーを引き起こす対象）になってしまったら、どんなに好かれる努力をしても、難しいのである。

小麦アレルギーの人に、「小麦には、栄養があるんだから、食べなきゃダメだよ」と言っても、食べられるわけがない。食べたら、アレルギー反応が出てしまうのだから、それはもう体質的にムリなのである。

もし自分が相手にとってのアレルゲンになってしまったら、やはり、どんなに好かれる努力をしても難しいのも同じ原理である。こちらが頑張っても、アレルギー反応なのだから、もうどうしようもない。

多くの人に好かれる努力は必要だ。

しかし、もうどうしようもない人が相手なら、そんな人とはできるだけ距離をとって、あまり顔を合わせないほうが、相手にとっても、自分にとってもよいのではないかと思う。

好感度を得るために、目下の人間にこそ、やさしく接しろ

マツコさんがたたくのは強者だけ。弱者には優しいんです。だから、決して上から目線にならない。

（『女性自身』2015.3.31日号 p38）

マツコさんは、弱者の味方である。ごくごく普通の、一般大衆の味方である。マツコさんは、偉ぶっている人には批判的なことを言うが、弱い人にとっては正義の味方のような立場をとっているのである。

マツコさんについては、つぎのような証言もある。

『5時に夢中！』のプロデューサーである大川貴史さんは、マツコさんに対して、「す

ごく苦労したり、悔しい思いをした経験があるから、発言に深みと説得力があり、弱者や少数派の気持ちをくんだ発言ができる」と語っている。

（『日経エンタテインメント』2010.12月号 p58）

マツコさん自身、テレビで人気が爆発する前は、言葉は悪いが、社会の底辺にいた人である。辛酸を舐《な》めつくした人物である。だから、弱い人を見ると、ついつい昔の自分の姿を重ね合わせてしまって、やさしくなってしまうのではないかと思われる。

たいていの人は、マツコさんとは逆のことをしている。

つまり、自分よりも地位の高い人には、米つきバッタのようにペコペコして、ヒラメのように相手の顔をうかがうくせに、自分よりも目下の人間には、怒鳴り散らしたり、文句を言ったりするのである。

オランダにあるライデン大学のルース・フォンクは、上司にペコペコしながら部下には厳しい人のプロフィールを読ませて好意度を評価させると、7点満点で2・08点だったのに対して、上司に噛みついて、部下にはやさしい人のプロフィールを読ませて評価させると、4・45点だったという。下にやさしい人のほうが、2倍以上も好かれるのだ。

どうせ噛みつくのなら、マツコさんのように、自分よりも上の人、すなわち強者に噛みつくべきであって、弱者にはいたわりの心を見せなければならない。ほとんどの人は、まったく逆のことをしている。だから、好かれないのだ。

マツコさんは、お偉いさんには、「アンタ、邪魔！」などと怒鳴りつけたりするのだが、アシスタントの人にはとても親切であるという。そういうマツコさんだからこそ、番組制作者の人たちもファンになってしまうのであろう。

生き残りたいなら、長いものには喜んで巻かれろ

キャスターとして生き残る女性って、ホントはすごく女っぽいの。何やかや言って、テレビ局も男社会だから、プロデューサーにしな垂れかかってのし上がっていくしかない。男と張り合う女は撃たれちゃうのよ。

（『世迷いごと』p154）

マツコさんは、だれに対しても挑発的で、ケンカを売っているように見えるけれども、それは表面的な虚像であって、本当のマツコさんは、もっと飄々《ひょうひょう》としていて、だれかれかまわず衝突するようなタイプではない。ここに取り上げたコメントにも、マツコさんの人間観がにじみ出ている。

よくあるビジネス本を読むと、

「イエスマンになるな！」
「どんどん自己主張していけ！」

という勇ましい言葉のオンパレードであるが、それらはすべてウソである。そんな言葉を鵜呑《うの》みにして、もしだれとでも衝突をくり返していたら、仕事などできなくなってしまう。

これは、テレビ局だけでなく、どの業界でもそうであろう。

上司の言うことには、ホイホイと喜んで引き受け、主人に対して絶対服従を誓うワンちゃんのように、**イエスマンになりきるからこそ、「こいつは、かわいいヤツだな」とだれからも愛される**のである。

私たちにとっては、自己主張が激しいというイメージのあるアメリカ人でさえ、現実のところ、そういう人はごく一部の管理職であるとか、お偉いさんだけなのであって、その他大勢のアメリカ人は、徹底的にイエスマンになりきっているものである。

オハイオ州立大学のスティーブン・カーは、「イエスマンになって、ボスには絶対服従の人をどう思うか？」と質問したところ、管理職たちは、88％が「そんなヤツはダメだ」と反対したのに対して、下っ端の人は、37%が「イエスマンのほうがよい」と賛成を表明したのである。

「イエスマンではダメだ」と考えるのは、偉い人たちだけ。

下の人間は、もっと現実的であるというか、反対でもしようものなら、とんでもない目に遭うことをちゃんとわかっている。「イエスマン」になったほうが、仕事がやりやすくなることを理解している。

テレビに出演しているマツコさんだけを見て、「やっぱり強気でガンガン攻めたほうがいいんだろうな」と誤解しないようにしたい。

マツコさんは、だれにでも飛びかかっていくような狂犬では、決してない。むしろ、控えめで、長いものには喜んで巻かれていくタイプだと考えたほうが、現実の姿に近いのではないかと思われる。

第4章

会話の主導権を握るためのマツコ式・禁断のコミュニケーション術

あなたが「話し下手」なら、「聞き上手」を目指せ

引っ込み思案を改善するのはかなり難しいと思う。性格なんてそうそう変えられるものではないのよ。（中略）人見知りを直して、積極的な性格になるために自分を変える負担を考えたら、違うことに時間を費やしたほうがいいかもよ。

（『あまから人生相談』p57）

マツコさんが指摘するとおり、人の性格というものは、そんなにたやすく変わるものではない。何年も、何十年もかけて形成された性格が、一瞬で変わってしまうようなことはない。その意味では、「性格をすぐに変える」「すぐに内気が直る」と謳った本は、たいていインチキ本である。

さて、本章では、マツコさんのように流暢《りゅうちょう》な会話のテクニックをご紹介したいわけである

が、そうはいっても、「どうしても話し上手になれそうにもない」という人はいらっしゃると思う。

会話がうまくできるかどうかには、その人の性格も大きく影響しているから、内気な人に「どんどん話しなさい」とアドバイスしたところで、できるわけがない。泳げない人に、「とにかく泳ぐのです」などとアドバイスしても無意味であるのと同じである。

では、生まれつき、どうしても話し上手になれそうもない人はどうするか。

人に好かれることを、諦めなければならないのか。

そんなことはない。

話し上手になれそうもないのなら、別の方向、すなわち、「聞き上手になる」という方向で、努力すればいい。自分からは、話しかけなくともいい。けれども、人がしゃべっているときには、本気で、全身で、心から、相手の話に耳を傾けるようにするのである。

「あの人と話していると、なんだか穏やかな気持ちになる」

「あの人と話していると、心がすっきりする」

「あの人と話していると、つい時間を忘れてしまう」

そのような評判が立つようになればよい。話し上手にはなれないかもしれないが、聞き上手になれば、同じくらい、いや、話し上手な人よりも、かえって好感度は高くなるはずだ。

名司会者と呼ばれる人たちは、みな立て板に水のような話し上手なのか。決して、そうではなく、むしろ聞き上手ではないか。タモリさんしかり、黒柳徹子さんしかり、である。

デンバー大学のハワード・マークマンは、144組の初婚夫婦の25組に、聞き上手になるための訓練プログラムに参加してもらった。すると、4年後の離婚率は、4・2%にまで減少したという。ちなみに、プログラムに参加しなかった残りの夫婦の平均離婚率は16・1%であった。

自分から話すのが苦手なら、話さなくともよい。その分、聞く技術のほうに磨きをかければいいのだ。

「自分を盛る」ことをやめてみよう

そんなウソで塗り固められた言葉に、結局、誰もおもしろがらない、ということに気がついたの。それで、ウソをつくこと、自分を盛ることをやめたわけ。

(『デラックスじゃない』p64)

私たちが人と会話をするとき、ついつい自分を大きく見せようとして、「自分を盛る」傾向がある。自慢話をしてしまうわけである。それも、無意識のうちにやってしまうようである。

マサチューセッツ大学のロバート・フェルドマンによると、平均すると人は10分間の会話のうち、3回もウソをつくらしい。といっても、相手をだましてやろうとか、そういう悪意はない。ただ、ちょっと「自分を盛る」のである。

女性は、2、3歳くらい平気で年齢のサバを読んでしまう。
男性は、2、3万くらい多めの手取りの月収の額のサバを読む。
そうやって「自分を盛る」ことによって、人によい印象を与えられると思うからこそ、無意識のうちにウソをついてしまうわけである。

若い頃のマツコさんも、たいしたことのない自分のエピソードを、さも大事件のように語ることがあったという。おもしろいエピソードがなければ、人に好かれないと思っていたのだ。

しかし、そうやって自分を盛りながら話をしても、罪悪感を覚えるばかり。そのため、今では、自分を大きく見せるのをやめたのだという。

自分を盛ったところで、どうせそのうち馬脚をあらわし、メッキがはがれることは目に見えている。自分を盛って一時的に印象をよくしても、結局、馬脚をあらわしてたいしたことがないヤツだと思われるくらいなら、最初から自分を盛るのをやめたほうがよい。

自分を大きく見せる必要はない。
なぜかというと、**等身大の自分を見せたほうが、好かれるから**である。正直に、ありのままの姿を見せたほうが、好ましい人物だという印象を与える。だから、自分のことに関しては、ウソなどつかないほうがいいのである。

外見に関しては、なるべく自分を魅力的に見せるために偽装をしてもいいと思う。オシャレな服を着て、肌のお手入れをすることは重要だ。しかし、それ以外のところ、たとえば、自分の性格、自分の体験談といったものに関しては、自分を盛る必要はない。むしろ、ありのままをさらけ出そう。

マツコさんは、自分を隠そうともしないし、盛ろうともしていない。「どうせ盛ったところで、みっともない馬脚をあらわすのがオチだから」ということで、そういう試みをやめてしまっているのである。そういう潔さは、私たちも見習いたい。

根っこに「愛情」があれば、どんな発言をしても大丈夫

そりゃあ、こんなに太っているんですから、周りはデリケートになって当然ですよね。きっとアタシの前では極力デブに関してネガティブな発言をしないようにしてくれているのではないでしょうか？　無駄な気遣いをさせてしまっていて、本当に申し訳ないと思っています。

（『続あまから人生相談』p176）

いつでも気丈にふるまっているマツコさんは、自信たっぷりで、威風堂々として、さながら〝女帝〟のように見えるけれども、内面では、常に「申し訳ないな」という気持ちが溢れているようだ。

そういう謙虚な姿勢をとっているから、その言葉が温かく感じられるのだ。

私たちの言葉には、その人の内面が反映されるから、謙虚な気持ちを持っていれば、やはり言葉もそのように聞こえるのである。

思いやりがなく、人に対して冷たい性格の人の言葉は、どんな言葉を言ってもトゲが含まれてしまう。マツコさんの発言の内容だけを見れば毒舌なのに、そのように聞こえないのは、芯《しん》の部分に思いやりがあるからであろう。

会話では、その人の〝根っこ〟の部分が伝わる。**どんなことを言うかよりも、「どんな気持ちで言うか」が重要**である。

コミュニケーションインストラクターの山田ズーニーさんは、その著書『あなたの話はなぜ「通じない」のか』（筑摩書房）の中で、根っこに愛情があれば、「バカだなあ」という言葉でさえ温かくなるが、根っこに軽蔑《けいべつ》の心があると、「おりこうさん」と言っても皮肉たっぷりに聞こえてしまう、と論じている。

マツコさんは、いろいろな場所で、謙虚さの大切さを述べている。

だって、所詮オカマだよ。女装だよ。デブだよ。こういうところは、忘れちゃいけないと思っているの。

（『デラックスじゃない』p45）

このような謙虚な気持ちがあればこそ、「どんな発言をしても大丈夫」だといえる。

米国クレイトン大学のトーマス・バドシームは、政治家についての調査で、その人の訴える「政策の内容」よりも、その人の「人柄」のほうが、有権者へのアピールが強いことを実験的に確認している。

どんなに優れた政策を訴えようが、人柄が悪ければ有権者の心には響かないし、支持もしてもらえない。

ところが、人柄が素晴らしければ、さしたる政策を訴えているわけでもないのに有権者からは耳を傾けてもらえるし、支持もしてもらえるのである。

会話のコツは、どんな内容を話すかではない。

人柄に磨きをかけ、謙虚さ、思いやり、気配りの心を持つことなのである。

自慢話ではなく、失敗談を話題のネタにしよう

改めて思ったのは、みんな、お金を持っている人が嫌いだってこと。(中略)と同時に、自分より裕福な人がつまずいて失敗するのも好きなのよね。

(『デラックスじゃない』p167)

これをネタにすれば、確実に相手は喜ぶという、とっておきの会話ネタがある。

それは、自分の失敗談。

私たちには、醜《みにく》い心があるから、他人の不幸を聞くのは、とても楽しいのだ。ほかの人が、「株で大損してしまった」「失恋してしまった」と話しているのを聞くと、相手は、「それは大変だったね」と慰《なぐさ》めの言葉をかけてくれる一方で、「俺はそんなふうにならなくてよかった」と胸をなでおろし、ほくそ笑むのである。

「他人の不幸は蜜《みつ》の味」とはよく言ったもので、私たちは、ほかの人が不幸になっていくのを見たり、聞いたりするのが好きである。

テレビのワイドショーでは、芸能人やタレントの不幸話ばかり（だれそれが離婚したとか）が取り上げられているのは、人がもともと他人の不幸が大好きだからであろう。

私たちは、ともすると、自分のこと、会社のこと、子どものこと、恋人のことなどを自慢したくなってしまうけれども、そんな話を聞かされても、相手はおもしろくもなんともない。

「今度、出世することになった」
「うちの会社は、業界トップになった」
「俺の恋人は、雑誌モデルの経験もある美人なんだ」

などと話しても、相手はただ自慢話を聞かされているだけで、つまらないと思う。

米国ウェイク・フォレスト大学のマーク・レアリーが、どういう会話をすると人を退屈させるのかについて調べたところ、自分の話（特に自慢）ばかりをする人が、もっとも退屈させてしまうことが明らかにされたという。
みなさん自身の幸せな話などは、相手は聞きたくもないのだ。
だから、**失敗談を話題のネタにしよう。そうすれば、相手は喜んで聞いてくれる。**

「今度、降格することになった」
「うちの会社は、かなりヤバいみたいなんだ」
「俺の恋人は、愛嬌はあるんだけど、カバみたいな顔なんだ」

そういう話をすれば、相手は会話に乗ってきてくれる。
もし、みなさんが人を退屈させてしまうことの多いタイプなのだとしたら、自慢めいた話ばかりしているのではないか、と自問自答してみよう。「うちの子は、発表会で入賞した」といった話など、だれも聞きたくないのである。

頭の中で考えず、本能が命じるままに会話をせよ

例えばものを発言するときでも、みなさんはワンテンポ置くっていうか、脳がそれを言っていいかどうかって処理をしたうえで出してるじゃない。でもアタシ、直結なんだよね。思考している段階から、もう最初のフレーズは出始めているみたいな。

（『うさぎとマツコの往復書簡②　自虐ドキュメント』p14－15）

マツコさんは、決して何かを計算して会話をしているのではないという。思ったことを、そのまま口に出すという、まさに「本能タイプ」の人間だといえる。だからこそ、飾らない、作り物ではない表現ができるのであろう。

マツコさんは、自分が真っ先に感じたことをそのまま表現したいタイプなので、あまりリハーサルもやらないらしい。台本もまったく読まないらしい。リハーサルをしたり、台本を

読んだりすると、「作り物」の表現になってしまうことを怖れているのであろう。

もし台本のセリフを丸暗記して、コメントを言っていたら、どうなるか。

俳優さんや女優さんなら、感情をこめてコメントを言うことができるかもしれないが、そうでないマツコさんにとっては、ニュース原稿を読み上げるような、無味乾燥な言い方しかできなくなるであろう。これではおもしろさを感じさせない。


会話で大切なのは、いかに「感情」を込められるか。


そのためには、頭の中で、あれこれと熟慮してはいけないのである。

言葉を選んで、表現を考えれば考えるほど、「理性的」になってしまう。それでは、感情は込められない。

テレビに出てくる学者や専門家のコメントが、聞いていておもしろくもなんともないのは、彼らが頭の中で理路整然と文章を組み立て、それを話しているからである。とても「理性的」だが、いや理性的であるだけに、おもしろくなくなってしまうのである。

カリフォルニア州立大学のチャールズ・バーガーによると、理性と感情とは、お互いに反比例の関係にあるのであって、理性的になればなるほど、感情が奪われていくのだそうだ。

会話で大切なのは、「理性」ではなく、「感性」。

だからこそ、あまり頭の中であれこれと考えないほうがいいのである。理性的になればなるほど、感情が奪われていき、口から出てくる言葉には、感情がまったく伴わなくなってしまう。

頭の中でセリフを考え、丸暗記した言葉には、声にも感情が伴わない。

「悲しいです」という言葉も、あらかじめ頭の中で考えていた人が言うと、本当に「悲しい」とは思えない。

不祥事を起こした企業の経営者が、「まことに申し訳ありませんでした」とお詫びをするものの、ちっとも反省しているように見えないのは、彼らがあらかじめ台本を頭に叩き込んで、理性的になってしまっているからだ。そのため、感情が伴わず、反省していると感じられないのである。

マツコさんは、思ったことを口にしているので、ものすごく感情がこもっている。マツコさんが、番組の中で「これ、おいしい！」と口にした商品は、翌日にものすごく売れてしまうというが、それもマツコさんの「おいしい！」という言葉が、本能から発せられたものであり、感情がこもっているからである。

だから、視聴者もそれに心を動かされ、「私も、食べてみたい！」という気持ちになるのだ。

遠慮していると、「沈黙のスパイラル」に巻き込まれるから要注意！

誤解されることを恐れていたら、そこには何も生まれないし、存在を訴えることをしなければ、誤解すらして貰えないのよね。

（『うさぎとマツコの往復書簡② 自虐ドキュメント』p131）

「雄弁は銀、沈黙は金」という言葉がある。余計なことを話すよりも、「黙っていたほうがいいですよ」という先人の知恵から出てきた言葉なのであろうが、これは間違いも間違い、大間違いである。

むしろ、**どんどん自分から話すようにするのが正解。**

控えめに押し黙っていたら、どうなるか。

実は、ますます話せなくなってしまうのである。遠慮などしているうちに、ますます話せなくなってしまう。これでは、自己アピールなどできるわけがない。

シンシナティ大学のK・ニューワースという心理学者は、これを**「沈黙のスパイラル」**と名づけている。

たとえば、会話に不安を感じて、自分の意見を述べず、当たり障りのない、どうでもいいことしか口にしない、あるいはまったく自己主張などしないという人がいるとする。そういう人は、何も言わないことでさらに不安が高まっていく。そして不安が高くなるから、なおさら何も言えなくなっていく、という「沈黙のスパイラル」が生じる。

マツコさんは、たとえ嫌われることになっても、どんどん前に出ていけ、どんどん自己をさらけ出せ、とアドバイスしているのだが、これは心理学的にも非常に理にかなっている。

「こんな話をしたら、頭が悪い人だと思われちゃうかも……」
「こんな話をしたら、底の浅い人間だと軽く見られちゃうかも……」
「こんな話だと、相手を退屈させちゃうかも……」

そんなことを考えて、口をつぐんでいたら、みなさんはますます会話ができなくなる。沈黙のスパイラルに巻き込まれたら、そこから脱出するのは非常に難しい。どこかでスパイラルを断ち切っていくことを考えないと、みなさんの人付き合いは、本当につまらないものになってしまう。

マツコさんは、言いたいことをそのままズバズバと口に出す。それは相手にとっては耳に痛いことかもしれないし、聞きたくないことかもしれない。だが、そこで遠慮をしていたら、マツコさんは「いなくてもいい人間」になってしまう。

つまらない心配などせず、どんどん前に出ていこう。それで嫌われることになっても、それはそれでご愛嬌、と受け流すくらいのメンタルの強さがほしい。

ひどいことを言われたときに、無理に言い返さないほうがいい理由

デブと罵《ののし》られたことに対し、ウィットに富んだ返しをするような「おもしろデブ子」よりも、罵倒《ばとう》されたことに傷つきながらも、それを気づかせないような笑みを浮かべるような「繊細なデブ子」のほうが男子受けは絶対いいと思うのよ。

（『続あまから人生相談』p156）

「悪口を言われたとき、どうすれば、マツコさんように相手にズバズバと言い返すことができますか？」という相談者に対して、マツコさんは、「言い返さなくてもいいんじゃない？」と答えている。

悪口を言われたとき、たしかに優雅に切り返したり、反論できれば、カッコいいのかもしれない。

だが、売り言葉に買い言葉をしていたら、相手との関係はどんどん険悪になるのではないだろうか。

そんなことになるのなら、悪口を言われたときには、むしろ切なそうな笑顔でも見せたほうが、相手も「ちょっとひどいことを言いすぎたな……」と罪悪感を覚えるであろうし、親切にしてくれるのではないかというのである。

ビジネスの交渉であれば、強気な相手には、こちらも強気な態度で出るという作戦が有効であり、これは**「しっぺ返し戦略」**などと呼ばれている。

しかし、日常の人間関係では、こういうやり方はあまり好ましくない。どんなにひどいことを言われても、悲しい顔を見せて、涙のひとつも眼に浮かべて見せたほうが、とても有効ではないかと思われる。

オランダにあるティルビュルフ大学のミッシェル・ヘンドリクスは、「涙を流す大人について、どう思うか？」と530名の人にたずねたところ、「かわいそうな気持ちになって、感情的に支えてあげたくなる」という意見が多く見られることを突き止めている。

「涙は女の武器」といわれるが、別に、女性でなくとも、涙は有効な作戦。

相手にひどく罵倒されたときなどには、ムキになって反論しようとするのではなく、むし

ろ涙を見せることを考えてみるのがよさそうだ。

こちらが口答えをすると、相手もカチンときて、口論が始まってしまう。かなりの高確率で、そうなる。そして、いったん関係がこじれると、修復するのはとても難しい。

お互いにじゃれ合うというか、からかい合うようなケースでないのなら、相手の言葉に悪意を感じるのであれば、あえて言い返すのをやめよう。

一時的には、胸の中は煮えくり返るかもしれないが、悲しい顔を見せたほうが、その後の相手との関係はずっとよくなるのではないかと思われる。

トゲのある言葉を言われたら、相手の懐《ふところ》に飛び込んでしまおう

デブだのオカマだのと、ハラワタを散々見せている人間に対して、石を投げてくるほど、みんな、冷血じゃないよね。

(『デラックスじゃない』p47)

前項では、ひどいことを言われたときには、悲しい顔をして、涙のひとつも見せてあげればよいという話をした。

悪口を言われたときには、実は、もうひとつ別のやり方もある。それは、**相手の言ってきたことを、そのまま「肯定」し、相手の懐の中に飛び込んでいく**、というやり方である。実は、こちらのやり方のほうが、私はオススメである。

「お前は、ホントにバカだな」とトゲのある言葉を言われたときには、

「そうなんです、ホントに物覚えが悪くて、自分でも情けないと思っているんですよ。どうすれば、課長のように何でも覚えられるんでしょうか？」

などと、逆に相手にアドバイスを求めてしまうのだ。だれかに「デブ」と心無いことを言われたら、「ホントにそうだから、イヤになっちゃう。どうすれば痩せられるの？　教えて、お願い！」と真剣な顔をして答えればよい。

こちらが素直に負けを認めてしまえば、相手は毒気を抜かれる。

「ホントに、あなたが言うとおりだと思う。私は、どうしたらいい？」

「ホントに、そのとおり。僕は、どうすればいいんだろう？」

そうやって素直に相手の悪口を肯定してしまえば、相手はそれ以上、あなたにひどいことは言わなくなる。

こちらが白旗を上げて降参しているのに、それでも殴りかかってくるような人は、あまりいない。むしろ、自分の懐に飛び込んでくる人間を見て、かわいいヤツだなと思う。そのため、敵でなく、味方になってくれるのである。

アメリカ合衆国の建国の父のひとりといわれるベンジャミン・フランクリンは、自分を嫌っている人に対しては、敵対するのではなく、むしろ相手の懐に飛び込んでいく、という作戦をとっていたといわれている。相手に教えを請いに出向いたり、相手にモノを借りに行って頭を下げたりしたのである。

すると、それまでフランクリンに対してあまりよい感情を持っていなかった敵も、次第に心を許してしまったという。**自分におもねってくるような人は、カワイイと思うのが人情**だからである。

マツコさん流に言うと、「ハラワタを散々見せる」ようにすると、相手もあなたに対して悪い感情は持たなくなる。ちなみに、自分のお腹（弱点）をさらけ出し、歓心を得るようなやり方は、**「フランクリン効果」**と呼ばれている。ベンジャミン・フランクリンがやっていたからである。

先の項目でも述べたが、イヤなことを言われたからといって、すぐに感情的に言い返そうとするのは愚の骨頂。イヤなことを言われたときには、「なるほど、まさしくそのとおり」と相手のすべて肯定し、むしろ、どうすれば自分を改善できるのかのアドバイスでもしてもらおう。

毒舌を使うときに大切なのは、「フェアにやること」

マツコは毒舌というよりサービストークだよね。おすぎとピーコさんもそうじゃない。二人とも、人の悪口ばっかり言ってるイメージがあったけど、会ったら超優しいし。

（『テレビブロス』2011.12.24日号 p13）

これは、爆笑問題の田中裕二さんがマツコさんを評したコメント。マツコさんがやっているのは、厳密に言うと、毒舌ではなく、サービストークだというのである。

マツコさんがやっているのは、毒舌ではなく、「愛情を多分に含んだからかい」と言い換えてもよいであろう。相手を喜ばせるようなからかいのことを、「いじる」とも言うので、マツコさんは、〝いじり上手〟と呼んでもよいかもしれない。

さじ加減がとても難しいのであるが、こちらが何かを言ったとき、相手をカチンとさせてしまうのが皮肉や非難であり、相手が目元をほころばせて笑ってくれるのが、サービストークであり、からかいであり、いじり、である。

では、どうすれば相手をからかうのがうまくできるのかというと、**大切なのは、「フェアにやること」**である。

カナダにあるオタワ大学のジェニファー・テリオンによると、相手が言い返せないようなジョークを言うのはよくないが、お互いにジョークを言い合えるようなら、問題がないのだという。

「お前って、ひどくケチだよな」
「いや、お前には負けるよ」

そのように、お互いに笑いながら言い合えるのであれば、問題はない。

フランス人は、イギリス人とは仲が悪いようで、しょっちゅう悪口を言うが、イギリス人だって、フランス人の悪口を言う。お互いに言い合っているのだから、これはフェアな関係である。そういう間柄なら、ひどいことを言っても、ある程度までは許されるのである。

どちらかが一方的に相手をいじめるような毒舌はよくない。

たとえば、上司が部下に向かって、「使えねえな、お前は！」「さっさとやめろ！」と言うのは、悪意のこもったいじめである。なぜなら、部下は、その関係上、上司に口答えをしたり、やり返すことができないからだ。

毒舌を言うのは、とても難しいけれども、相手に対する思いやりや気遣いがあれば、一方的にひどいことを言う、ということにはならないと思う。

ただし、うまくできる自信がないのなら、あえて相手にひどいことを言うような方法はとらないほうが無難かもしれない。さじ加減を間違えると、とんでもなく嫌われることは目に見えているからだ。

人間関係をうまくいかせたいなら、言わなくてもいいことは黙っていろ

ドラマや小説では、ヘビーな問題を共有してお互いに愛を深めてくパターンも多いけれども、そんな夢物語は現実にはないと断言しておきます。

（『続あまから人生相談』p78）

世の中には、秘密にしたままでいたほうが、人間関係がうまくいくことはよくある。

たとえば、結婚を決めたのなら、お互いの過去の恋愛経験については、秘密にしたままで語らないほうがいい。わざわざお互いの関係が悪くなるようなことは、黙っていたほうがいいかもよ、とマツコさんはアドバイスしているわけである。

「若い頃に、実は、妊娠して子どもを堕胎したことがある」

「昔は、万引きの常習犯だった」

「自動車の事故で、人を殺してしまったことがある」

「学生の頃に、麻薬をやったことがある」


そのようなことは、わざわざ公言するに及ばない。

自分ひとりの心にしまい込んで、墓場まで秘密を持っていくくらいの気持ちがなければダメである。

お互いの秘密の過去をさらけ出し、秘密を共有することで、仲良くなっていく、ということは現実にはありえない。それは、ドラマや小説の中だけだとマツコさんは切り捨てているが、本当にそうだと思う。

「こんなことを言ったら、相手は自分のことをどう思うかな？」

と常識的に判断すれば、打ち明けていいことと、そうでないことくらいの区別はできるのではないか。そういう判断をせず、**なんでもさらけ出してしまうのは、あまりにも無防備で、危険**である。

オランダにあるユトレヒト大学のキャトリン・フィンケナウアーの調査によると、20年以上も円満な結婚をしている夫婦の62％は、昔の秘密を告白することは、有益というよりむしろ危険であると認めている。

言わなくていいことは、黙っている。そういう慎重さも大切であろう。

「秘密を相手に語らないのは、なんだか隠しごとをしているようで、相手に申し訳ない」と感じる人がいるかもしれない。だが、隠しごとをしていれば、お互いに仲良くしていられるのだから、それでいいではないか。なぜ、わざわざ2人の間に波風を立てなければならないのか。そんな必要は、どこにもない。

小さな子どもは、何かを秘密にしておくことができず、何でもほかの人にしゃべってしまう。幼児性の強い人は、そういう子どもと一緒で、なかなか秘密にしておくことが難しいかもしれないが、もっと大人にならなければダメである。

一時の気の迷いで、一度だけ浮気してしまったとしても、「浮気しちゃった」などとパートナーに打ち明けるのは馬鹿げている。正直者は馬鹿を見るというが、本当にそうであろうと思う。

「共感性」がある人だけが相手の感情に気配りを示せる

やめてよ、アタシ、人が泣いてるともらい泣きしちゃうのよ。

（『CREA』2012.8月号 p195）

これはタレントの小島慶子さんとの対談で、マツコさんが漏らした一言。マツコさんがご自身の母親について語っているとき、小島さんが目に涙を浮かべた。それを見たマツコさんも、もらい泣きをしそうになる。このエピソードからも、マツコさんが、いかに共感性が高いのかをうかがい知ることができる。

共感性が高い人は、相手の気持ちがよくわかる。

そのため、もらい泣きをするタイプかどうかを調べれば、その人が共感能力の高い人かどうかも判別できる。

ちなみに、ドラマや映画を見ていて、自然に涙を流せる人も共感能力が高い人である。登場人物に感情移入するからこそ、涙を流せるわけである。

「テレビなんか見てても、全然もらい泣きなんてしない」という人は、残念ながら、心が冷たい人だ。そういう人は、会話もヘタであろうし、人間関係もうまくいかないであろう。

カリフォルニア州立大学のカール・スニードによると、人に好かれる人は、共感性の高い人であるという。

共感性がない人は、相手の感情に気配りを示すことができない。

仕事でヘトヘトに疲れて帰ってきた奥さんが、「今日は、会社で大変なことがあって……」と話し出そうとしても、共感性がない夫は、「うん、それはどうでもいいから、急いで食事作ってくれない？」などと言ってしまう。気配りができないのである。そういう夫は、そのうち奥さんから離婚を切り出されてしまう危険性が大である。

共感性を磨くためには、たえず「相手の立場」で物事を考えるクセを身につけるとよい。

「この人は、今、どんな気持ちなのだろう？」

と考えながら、会話をするようにすると、自然に共感性は磨かれていく。

共感性のない人は、自分のことばかり考えて、自己中心的である。相手の立場で物事を考えない。そうではなくて、いつでも相手の立場のほうを優先して考えるようにすると、共感性も磨かれていくのである。

教えるのがヘタな先生は、授業終了のチャイムが鳴ろうが、生徒がうんざりした顔をしていようが、意に介さない。自己中心的なのである。そういう先生は、たいてい生徒からも嫌われている。

その点、生徒たちがみな疲れたなという顔をしていたら、「今日は、ちょっと時間が早いけど、終了にしよう」と提案できる先生のほうが、教えるのもうまく、しかも好かれるのである。

人付き合いをやるうえでは、共感性がとても大切だ。いつでも相手の立場で考えられるようになりたい。

第5章

姑息に見えて
実は王道!
人の心を巧みに誘導する
マツコの㊙思考法

「自分はたいした人間ではない」と常に戒めておけ

アタシ、「分相応」に生きる人を高く評価するの。（中略）自分自身、「アタシは基本的にはバカ。人から石を投げられるような立場なの」と思うよう、常々、気をつけているの。

（『続・世迷いごと』p70）

たいていの人は、できるだけ自分を大きく見せたいと思っている。現実以上に、自分を大きく見せることに必死になっている。

けれども、マツコさんは、それはよくないとたしなめている。むしろ、分相応に、できるだけ自分を小さく見せたほうがよいのだと。ご自身も、そういう思考法を実践なさっているようだ。

たいていの人は、自分の魅力が40点しかないのに、「私は80点以上」といったような勘違いをよくしている。ほかの人より、自分のほうがずっと優れている、と無邪気に信じ込んでいるのである。これをオハイオ大学のマーク・アリックは、**「私のほうがずっといい効果」**と名づけている。

アリックは、被験者に26の好ましい性格（協力的、正直、知的、洗練されている、丁寧など）について、自分自身に100点満点で得点をつけさせた。また、平均的な人の得点がどれくらいなのかを推測させ、やはり100点満点で得点をつけてもらった。

すると、26の性格のうち、23の性格で、自分のほうが他人よりも高い点数をつけたのである。「私のほうがずっといい」と、たいていの人は思い込んでいたのだ。

プライドを持つことはよいことだ。

しかし、あまり自己評価が高くなりすぎると、ほかの人には「鼻につく」ように感じられてしまうのである。「なんだか嫌なヤツ」だと感じさせてしまうのである。

では、**どうすれば嫌われないかというと、できるだけ謙虚に、慎み深く生きていくことである。**

マツコさんは、偉ぶらないよう、自分など本当はたいした人間でもないのだ、ということを常に自戒するようにしているようだ。そうしないと、人間はとんでもない勘違いをしてしまう。

マツコさんは、テレビ制作のADであるとか、下の人間にもとても丁寧なふるまいができることはすでに論じてきたが、そうできるためには、普段の思考がとても大切である。「もっと慎まないといけないな」と、たえず自分に言い聞かせなければ、下の人間にもやさしくふるまうことはできない。

あまりネガティブに、自虐的になってもよくないのだが、**「自分はそんなにたいした人間でもない」と常に戒めておくことは、大切なこと**である。

どんな職業でも、芸者になりきるのが生き残る知恵

さすがにアタシのポリシーとまったく違うことはやらないけど、おまんま食べさせてもらっているんだから、メディアの要望に応えるのは、当たり前のこと。要するに、電波芸者なの。

（『デラックスじゃない』p21）

自分の考えを押し通そうとするのではなく、相手が何か要望を出してきたら、喜んでそれに応じなければならない。

「こういうの、できますか？」と言われたら、条件反射的に、「はい、できますよ」と素直に従ってみせるからこそ、かわいいヤツだと認知され、仕事もどんどんまわってくるのである。

マツコさんもそうらしいが、ありがたいことに、私も、あまり我を張ることがない。もともとポリシーのかけらも持ち合わせていないので、編集者から「こういう本、書けますか？」と言われれば、「はい、書けます」と答えるようにしている。その結果、何百冊もの本を執筆させていただけているわけで、「ポリシーなんか、持っていない人間でよかった」と思っている。

確固としたポリシーを持っていて、自分を曲げない、と言えばカッコよく聞こえるけれども、相手からすれば、「付き合いにくい人間」であることは間違いない。

一部のアーティストであるとか、特殊技能を持った職人さんや芸術家なら、それでも許されてしまうのだろうが、**たいていの場合では、ポリシーなど持っていないほうがよい**と思う。

テンプル大学のデビッド・キプニスは、1200名以上のCEOを対象にして、我を張り通すタイプを「ショットガン」、柔軟に対応を変える人間を「策士」と名づけて分類し、それぞれの年収を比較してみた。すると、ショットガンタイプの平均年収は5万7000ドルだったのに対して、策士の年収は6万5100ドルだったという。

我を張るタイプは、仕事もあまりうまくいかないのである。

むしろ、相手にうまく自分を合わせて、喜んでお追従《ついしょう》のひとつも言ってあげられる人間のほうが、現実にはたくさんのお金を稼ぐことができるのだ。

上司から、「これこれをやれ」と命じられたら、ホイホイと喜んで取りかかろう。「こんなやり方じゃ、うまくいかないと思います！」などと真正面から反論などしようものなら、上司のメンツも丸つぶれである。

かりに、自分の意見のほうが正しかったとしても、それを許してくれるほど、器《うつわ》の大きい上司は、めったにいるものではない。たいていは煙たがられ、嫌がらせをされるだけである。

我を張っても、いいことは何もない。

自分ひとりだけは、「俺ってカッコイイよな」と悦に浸ることができるかもしれないが、周囲の人たちには心の底から嫌われているという自覚を持たなければダメである。

マツコさんは、自分を「電波芸者」だと認めているほど、その場その場の雰囲気に自分を合わせるのがうまいそうであるが、どんな職業でも、上手に芸者になりきるのが生きる知恵だともいえる。

人を恨んだり、腹を立てると、結局、自分がソンをする

「死ね」と書き込んでいる人たちも、一瞬はスッキリするかもしれないけど、それでルサンチマン（強者に対する弱者の憎悪や怨恨、復讐などの感情が内向的に屈折している状態）みたいなものが解消されることは絶対にない。だから、「死ね」と書き込めば書き込むほど、自分が惨《みじ》めになってくるの。

（『デラックスじゃない』p175）

人に対して、腹を立ててはいけない。腹を立てても、得るものは何もないからである。文句をぶつけたところで、自分が惨めになるだけだとマツコさんは言う。

不満や愚痴を口にすればするほど、スッキリするというよりも、むしろ怒りは増幅されて

いく傾向がある。最初はそれほどでもないかもしれないのに、文句を言っているうちに、どんどんイライラが増幅されてしまうのだ。

このような現象を、心理学では、**「怒りのエスカレーション」**と呼んでいる。

怒りというものは、口にすると発散するのではなく、むしろエスカレートする（高まる）のが普通である。

相手と口ゲンカをするときもそうである。

最初は、相手の文句に気軽に応じたつもりだったのに、次第にどんどん感情がエスカレートして、取り返しのつかないほどに相手との仲が険悪になってしまうことがある。

ケンカを売られたときの正しい対応は、最初から相手にしないことである。自分が負けを認めて、さっさと勝負の土俵から降りてしまうことである。そうすれば、怒りのエスカレーションも起きない。

いちいち腹を立てていると、寿命も短くなってしまう。

腹を立てるのは、結局、自分がソンをするだけなのである。

ケンタッキー大学のデボラ・ダナーは、とある寺院の１８０名の尼《あま》が残した日記を分析してみたことがある。

日記には、自分の身のまわりの出来事や感想などが綴られていたが、ポジティブな言葉を綴っている人と、ネガティブな言葉を綴っている人の、85歳と93歳時点での生存率を調べてみたのである。

その結果、ネガティブな日記を書いている人では、85歳の生存率が54％、93歳では18％だった。ところが、ポジティブな日記を書いている人では85歳時点での生存率が79％、93歳では52％だった。

「死ね」とか「殺してやりたい」とか、そういうネガティブなブログなどを書いている人は、自分の寿命が縮んでしまう。

「人を呪わば穴二つ」とはよく言ったもので、呪いの言葉をつぶやいていると、結局は、自分にその言葉が跳ね返ってきてしまい、自分も早死にしてしまうのである。こんなにつまらないことはない。

マツコさんは言う、「人を恨みに思うな」と。私たちも、しっかりとこの言葉を胸に刻んでおきたい。

「理想の人などいないし、理想郷もない」と考えたほうが幸せになれる

人間関係のしがらみなんて、どんな職場だってあるのにね。自分のために100％整えられた〝場所〟なんて、あるはずがない。当時はそれがわからなかったのよね。

（『週刊女性』2008.6.3 日号 p54）

マツコさんは、もともと雑誌の編集者をしていた。ところが、人間関係のしがらみから、その職場から逃げ出してしまった。まだ若かったので、人間のしがらみなど、どこにでも、ごくありふれたものとして存在することが、わからなかったのだという。

「もっといい人がどこかにいるはず」
「もっといい職場がどこかにあるはず」

そのような理想を信じて、恋人や職場を次々に変えてしまう人がいる。いわゆる**「青い鳥症候群」**である。

メーテルリンクの『青い鳥』では、思い出の国を探そうが、幸福の国を探そうが、未来の国を探そうが、探し求めている青い鳥はいなかった。青い鳥（幸せ）は、もともと自分のいた生活の中にいたのである。

幸せな人は、どんな場所でも、幸せを感じられる。ところが、不幸せな人は、どんな場所にいても不幸せなままである。

どこかに100％の理想の人がいるとか、理想の場所があるなどと考えるのは、単なる幻想である。そういうことを信じていると人は幸せになれない。

カナダにあるブリティッシュ・コロンビア大学のマイケル・ハーリングは、18歳から54歳までの76組の夫婦を調査し、100％の理想を求める、いわゆる完ぺき主義の人ほど、結婚生活に不満を感じやすいことを突き止めている。

完ぺきな人などいないのに、それを求めていたら、いつまでも幸せになれないのだ。

「私は、100％自分の理想の人に出会わなければ、お付き合いもしないし、結婚もしない」と頑なに決めている人がいるとしよう。そういう人は、自分の周囲には、いい人が溢れていることにも気づかない。素敵な人からアプローチされても、それを拒絶してしまう。これでは、幸せになれるわけがない。


「この人は、100点ではないけど、それでもいいところがいっぱいある！」

「理想の職場とは言えないけど、それでもいい人がたくさんいる！」


そのような考え方をしたほうが、私たちは幸せになれるのである。

私は、決してすべてを妥協しろとか、諦めろとか、絶望しろ、と言っているのではない。もっと現実的になりなさい、と言っているのだ。

特に若い人がそうだと思うのだが、理想にこだわりすぎるのはやめたほうがいい。もう少し柔軟に物事を考えてほしい。**理想にこだわっていると、不幸への道をまっしぐらに突き進むことになってしまう**からである。

「〇〇さえあれば」の思考をやめてみよう

やせれば、仕事も恋愛もすべてがうまくいくって信じてた。でも、やせてもアタシは幸せになれなかった。そのとき、物事がうまくいかないことをすべてデブのせいにして、逃げていた自分に気づいたのよ。

(『サイゾー』2003.12月号 p50)

マツコさんは、「痩せさえすれば、すべてがうまくいく」と考えて、140キロの体重をその半分の70キロにまでダイエットしたことがあるそうである。けれども、幸せにはなれなかった。「私は、デブだから不幸なんだ」という考えは、まったくの間違いだと気づいたわけである。

私たちは、ともすると、ひとつの原因から自分の人生のすべてが台なしにさせられていると思っている。

「お金さえあれば」
「恋人さえいれば」
「目が二重でありさえすれば」
「裕福な親がいさえすれば」
「あと10センチ、身長が高ければ」
「学歴さえあれば」

私たちは、そんなふうに、「〇〇さえ」叶えば、自分の抱えている問題がそっくり解決されるものと信じていることが多い。しかし、この思考は、まったくの誤りである。
米国ジョージア・サザン大学のウィリアム・マッキントッシュは、「お金さえあれば、幸せになれるのに」式の思考をしがちな人ほど、そういう思考をとらない人に比べて、人生を楽しめず、後悔をしやすく、絶望を感じやすいと述べている。

大切なのは、**自分のコンプレックスもそっくり受け入れてしまうこと**である。

「私は、太っているからダメなんだ」ではなく、「太っている人だって、好かれる人はいくらでもいる。柳原可奈子さんだって、マツコさんだって、ものすごくキレイだし」と考えるようにするのである。

「○○さえ」式の思考をとっている人は、かりにそれが叶ったとしても、幸せになることはできない。なぜなら、どうせまた別の足りないものが出てきて、同じような悩みをくり返すことになるからである。

ありのままの自分を受け入れよう。

現在がどんな境遇であれ、すでにもう幸せなのだと考えるようにしよう。みなさんは、不幸でもなんでもない。世の中には、もっと不幸な人がいくらでもいる。3食の食事ができるだけで喜びを感じよう。仕事があるだけで、満足しよう。いや、身体が健康であることだけで、幸せを感じられるようでなければならない。

「他者評価」をあまり気にしすぎるな

かつて『女性自身』に隠し撮りをされたとき、「ずっと追いかけていたけど、マツコ・デラックスの服装は2パターンしかなかった」って書かれたの。でも、そんなことバラされても哀しいとも思わなくなってきた。2パターンでけっこうよ。

（『続・世迷いごと』p7）

マツコさんは、あまり自分を飾ったりはしない。さすがにテレビに出演するときには、きれいに女装をしてみせているが、普段は、ほぼ裸で生活しているそうである。私服も2つしか持っていないという。

おそらくマツコさんは、他者からどう見られるのか、どう評価されているのかをあまり気にしないのであろう。「もう、どうにでもなれ」と割り切ってしまっているのであろう。まことに見事な覚悟だと言わざるをえない。

「他人にどう見られているのか？」

「ほかの人は、どう思っているのか？」

そんなことを心配しすぎていると、人付き合いが怖くなってしまう。

トルコにあるイエディテペ大学のセルダ・コイデマーは、人付き合いが苦手な人は、みな他者評価を気にしすぎる、という特徴があることを突き止めている。他人の目が気になると、自然体でいられなくなる。そして、人付き合いが苦痛になる。

マツコさんは、人付き合いもそうだが、すべてのことについて、「あまり気にしない」という思考法をとっている。

もちろん、**人付き合いでは慎重さが求められることも多々あるとはいえ、そんなにビクビクしていても仕方がない、という割り切りも重要**なのである。なるようにしかならないのだから、考えすぎても仕方がない。

自分がどんなに努力しても、他人がどう評価するかは、わからない。どんなに努力しても、嫌われるときには嫌われる。それは、もう自分ではどうにもできないものであり、開き直るしかない。

他者評価というのは、天気のようなものであり、晴れになるか、曇りになるのかは、わからない。だから、そういう自分ではどうしようもないことを、あれこれと思い煩《わずら》うのは、ただの時間のムダである。

「一日三省」する心構えを持て

アタシ、世の中から思われているとおり、キワモノとして生きているくせに、ちっちゃなプライドが捨てきれないの。つまらない体裁に縛られて生きているの。少しでもマトモに見せようとしている自分が、何てちっぽけなんだろうって思う。何てくだらない人間なんだろうって思うの。

（『世迷いごと』p106）

孔子の門人、曽子《そうし》は、毎日に三回も反省をしながら、自分が間違えたことをしていないか、おかしなこと言ったりしてはいないかを振り返ったという。これが「三省」の教えである。

わが身を振り返るというのは、とても大切なことである。

なぜなら、「次は、もっとこうしてみよう」「今度は、ここに気をつけよう」と自分を改善することができるからである。漫然と生きていたら、反省もしないだろうし、当然ながら、自己改善もできない。

イタリアのローマにある心理療法研究センターのジャンカルロ・ディマジオは、人間関係をうまくできない人には、共通して見られる特徴があり、そのひとつが「自己反省をしないこと」だとしている。

ダメな人は、反省をしない。

酒に酔っ払って醜態をさらしたりすれば、たいていの人は、「つぎからは、嫌われない飲み方をしよう」と反省するものであるが、ダメな人はそれをしない。感情的に部下を怒鳴りつけ、部下が落ち込んでいる姿を見たら、「ちょっと言いすぎたな。つぎからは、言葉を選ぼう」と反省しなければならないのに、それもしない人がいる。

反省は、自己改善の原動力。

だから、**自己反省をする人は、自分の悪い欠点をどんどん改めることができる。**「自分はここがダメだ」という意識に苛《さいな》まれるからこそ、そんな自分がイヤになり、変えたいという気持ちも生まれるのである。

マツコさんは、自分に厳しい。

おそらくは、毎日、徹底的に自己反省をくり返しているのではないか、と思われる。

自動車メーカーのトヨタは、たえず改めるべき点を見つけて「カイゼン」するという企業風土で、世界ナンバーワンのメーカーになった。「もういいや」と現状に満足する体質だったとしたら、おそらくナンバーワンにはなれなかったであろう。

不必要だと思われるくらいに、自己反省できればたいしたものである。

マツコさんは、十分に魅力的な人間ではあるが、まだまだ足りないという意識を持ちつづけている。はっきりと自分を「くだらない人間」と位置づけ、さらに改善をつづけようという気持ちを持っているのだ。

最初から期待などしないほうが、私たちは幸せでいられる

世の中には、自分が周囲からどんな風に思われているのか、これをいったら相手がどのような思いをするのかなどといった、大人になれば自然と身についているような、誰もが無意識の内に考えるようなことを、まったくといっていいほど考えられない可哀想な人たちがいるの。

（『あまから人生相談』p13）

世の中には、嫌なヤツがいっぱいいる。それが社会である。善人など、数えるほどしかいないのだ。だから、**最初から自分が出会う人間は、そんなにいい人であるはずがないと覚悟しておくと、それほど腹も立たない。**

ローマの五賢帝のひとり、マルクス・アウレリウスの『自省録』には、いちいち腹を立て

ずに、温和でいられるためのコツが書かれている。

アウレリウスは言っている、「誰かの恥ずべき行動に腹がたったときは、すぐに自分にこう問いかけなさい。『恥知らずな人間がこの世にいないということはあり得るか？』。そんなことはあり得ない。それならあり得ないことなど望まないことだ」と。


世の中には、嫌なヤツが多いのだから、よいことを期待してはならない。期待すると、裏切られたときにガッカリしてしまうからである。

表面的には、自分に親しくしてくれていても、その人だって、陰では悪口を言っているかもしれない。普段は愛想のいい上司だって、勤務評価をするときには、ものすごく厳しい点数しかつけてくれないかもしれない。

そうやって覚悟しておくと、実際にイヤな目に遭っても、「ほらね」ということで、軽く受け流すことができる。

よい期待を持ってしまうから、裏切られたときにイヤな気分になるのであって、最初から期待などしなければ、へっちゃらでいられるのである。

南ミシシッピ大学のジョン・キャンは、ある輸送会社の新入社員274名を、入社時から追跡調査してみたことがあるのだが、「うちは、いい会社に違いない」という期待が高かった新入社員ほど、21％も転職率が高くなることを突き止めている。

よいことを期待していると、現実に裏切られたときに、耐えられなくなる。だから、逆説的なことながら、最初から期待などしないほうが、私たちは幸せでいられる。

結婚生活でもそうで、結婚前に甘い期待を抱いていると、かえって失望が大きくなり、離婚する危険性もアップする。その点、結婚に対して、甘いことなどこれっぽっちも考えていない夫婦のほうが、「まあ、現実はこんなものだよな」と素直に受け入れることができ、それなりに満足して生活できるのである。

世の中には、いい人などいないし、いいことなどあまり起こらない。

そう思っていたほうが、現実に苦しめられることは少なくなるであろう。

マツコさんも言うように、世の中には、「大人になったら自然に身につけられることを身につけていない人がたくさんいる」と思っていれば、どんなに失礼なことをされても、不愉快なことをされても、それなりに許せるのではないかと思われる。

「ありがとう」と口に出すだけで、あなたは幸せな人生を歩める

今の環境や周囲の人々への感謝を忘れた人間に、幸せは訪れないわ。

（『あまから人生相談』p18）

読者のみなさんが、ほかの人に言われて一番うれしい言葉は何だろう。

おそらくは、「ありがとう」という言葉ではないだろうか。**私たちは、ほかの人から、「〇〇さん、ありがとう！」と言ってもらえることが、とてもうれしいのだ。**

では、なぜみなさんは、相手をうれしい気持ちにさせる言葉である、「ありがとう」という言葉をもっと頻繁に使わないのだろうか。どんなときにでも、「ありがとう」と口にしていれば、もっと幸せな人生を歩めるのに。

ペンシルバニア州立大学のアダム・グラントは、「ありがとう」という短い感謝の一言が、

信じられないほど大きな影響力を持つと述べている。「ありがとう、ありがとう」と口にしていれば、どんな人も好意的に接してくれるというのだ。

立教大学の佐藤悦子教授は、『恋の仕掛け人はあなた　彼から誘わせる、本気にされる心理学』（ごま書房）という本の中で、いい恋ができる女性は、すぐに見抜けるという話をしている。それは帰るときに、「先生、ありがとう」ときちんと感謝できる学生だというのだ。

マツコさんは、あらゆる人に感謝の気持ちを忘れてはいけませんよ、とアドバイスしてくれているが、「気持ちを忘れない」だけでは不十分で、必ず、お礼や感謝の言葉を口にするようにしよう。

心の中で感謝していても、心というものは目に見えないので、相手にも伝わりにくい。だから、**きちんと「ありがとう」と口に出すことで、自分の感謝の気持ちを相手に伝えたほうがいい**のである。

上司に叱られたときにも、「ご指導くださって、ありがとうございました」と言うべきであるし、冷やかしでやってきたお客にも、「お暑い中、わざわざ足を運んでくださって、ありがとうございます」と言うべきである。

使おうと思えば、どんなときにも、どんなケースでも、「ありがとう」という言葉は使える。相手が自分の望んだとおりのことをしてくれなくとも、「とにかく、ありがとう」と言っておくのが正しい。

礼儀正しさとか、エチケットというものは、人を快適にさせる技術のことであるが、詳しいエチケットや礼儀作法など知らなくとも、「ありがとう」という感謝を口にするような人であれば、十分に礼儀をわきまえた人物だと思ってもらえるであろう。

「ネガティブな感情」をうまく利用する方法

「憎しみをバネにする」とはよくいったもので、案外、人というものは、ネガティブな感情からくる「負けるもんか」という気持ちが、生きるための一番の原動力だったりします。

（『あまから人生相談』p41）

引っ込み思案であるとか、悲観的であるとか、心配性であるとか、不安を感じやすいとか、そういうネガティブな感情を持つことで悩んでいる人は多い。

しかし、ネガティブな感情が、すべて悪いというわけではない。

むしろ、**ネガティブな感情は、うまく利用すれば、人を動かす原動力（エネルギー）になる**のである。

ノース・キャロライナ大学のローレンス・サンナは、悲観的な学生と、楽観的な学生に、10日後の試験についての見込みを尋ねた。すると、悲観的な学生のほうが、「私はよい成績をとれないだろう」と予測した。

けれども、蓋《ふた》を開けてみると、テストでよい点数をとったのは悲観的な人たちであった。なぜかというと、悲観的な人たちは、「このままでは危ないぞ」という強い思い込みがあるだけに、一生懸命に勉強したからである。

楽観的な学生は、「まあ、大丈夫だろう」と安易に考えやすく、それゆえテスト勉強もやらなかった。だから、よい成績をとることもできなかった。

悲観的な学生のほうが、しっかり準備をしてよい成績を上げる、ということを考えれば、悲観的であることもまんざら悪いことでもない、ということが理解していただけるであろう。

かつて私は、ネガティブな感情を持っている人のほうが人間関係でも、仕事でも、恋愛でも、何でもうまくいくのだというテーマで本を書いたことがある（『「不安」があなたを強くする』廣済堂出版）。不安だから、人に好かれるための努力を人一倍するのだし、一生懸命に仕事をするのである。だから、**不安を感じやすいということは、メリット**なのである。

「自分の性格がイヤだ」と感じている人は多いと思う。

しかし、それも考え方ひとつである。みなさんの性格には、本当に何もいいところがないのだろうか。見方を変えれば、ものすごくよい性格だったりするのではないか。

「私は、引っ込み思案で、自己主張ができない」と悩んでいる人だって、そんなところがいい、と思ってくれる人はたくさんいるのではないか。むしろ、激しく自己主張する人より、控えめで好ましいと思われることのほうが多いのではないか。

人間なら、だれしもネガティブな感情を抱くのだが、ネガティブな感情自体はなくすことはできないと思う。したがって、**ネガティブな感情をうまく利用することを考えたほうが建設的な人生を歩める**ということを覚えておこう。

言い訳はいいから、とにかく行動しよう

実際、恋人がいない人って、文句だけいって動いていない人が多いと思うの。黙っても男がいい寄ってくる人ならともかく、そうでない人にはそれなりの行動が必要よ。

（『あまから人生相談』p102－103）

恋人がいない人は、なぜ自分には恋人ができないのかの理由を100個くらいすぐに挙げることができる。

彼らは、言い訳をするのがうまいのである。うまい言い訳を考え出せば、行動しないことを正当化することができるからであろう。

自分からは、積極的にお客を獲得するための努力をしていないのに、「お客さんがきてくれない」とボヤいている営業マンもいる。そういう人にかぎって、「うちみたいな小さな会

社にはブランド力がない」とか、「うちの商品には魅力がない」などと、都合のいい言い訳をいくつも用意している。

人生というのは、行動するから開けてゆく。

道がないのなら、その道を自分が切り開いてやる、というくらいの気概がなければ何事もうまくいかないのである。恋愛しかり、仕事もしかり、である。

自分がうまくいかない原因を分析するのもいいが、それ以上に大切なのは、とにかく行動すること。

オランダのティルビュルフ大学のジョリス・ラマーズは、いろいろな組織の3000名を超える社員の調査で、「何もしない」より、「何かをする」を選ぶ行動的な人ほど、自分の望みを達成することができ、昇進の回数も、収入も高くなることを明らかにしている。

結局、行動しない人は、行動する人に負けるのだ。

恋愛をしたいのなら、いい相手が寄ってくるのを待つのではなく、自分から動かなければならない。

自分から動くから、いい相手とも出会えるのだ。

マツコさんは、その点、とても積極的であるという。

アタシ、いい男がいたら、けっこう電話番号を聞くのよ。

（『デラックスじゃない』p32）

アタシなんかいつも堂々と「チ○コ触らせなさいよ」って言ってるわよ。誰も触らせてくれないけどさ！

（『アサヒ芸能』2010.12.30－2011.1.6合併号 p212）

これくらい積極的に自分から動かなければ、恋愛はできないと思う。言い訳ばかりして、「何もしない」のでは、幸福の女神も微笑んでくれるわけがない。**幸福の女神は、一生懸命に頑張って、がむしゃらに突っ走っているような人が好き**なのではないだろうか。

地味な仕事でも、喜んでやる人がお金持ちになれる

流れに身を任せ、流れついた先で本気を出せばいい。これがアタシの信条。流れついた場所が居心地が悪かったとしても、そこでできる限りのことをしていれば、いい風が吹いて、誰かが別の場所に引っ張ってくれる、こういうことよ。

（『デラックスじゃない』p17）

スポーツ選手や、芸能人は、ものすごく華やかな職業のように見える。

けれども、元ニューヨーク州立大学教授のトマス・J・スタンリーは、「彼らなど、まったくうらやましいと思う必要はない」と指摘している。なぜなら、億万長者のほとんどは、もっと地味な仕事をしている人たちばかりだからだ。

私たちは、マスメディアによく取り上げられているイメージから、スポーツ選手や、芸能

人のほうがお金をたくさんもらえるものだと思い込んでいるが、それは大間違いであるという。

スタンリーが、1万1000人以上の資産家や高額所得者である「ミリオネア」たちを調査したところ、彼らの80％はごく普通の人たちであったという。

しかも、彼らの業種は、ごくありふれたもの、すなわち、溶接の下請け業であるとか、害虫駆除の経営者だったりしたのである（『なぜ、この人たちは金持ちになったのか』日本経済新聞社）。

みなさんが、華やかな仕事をしていなくとも、気にする必要はない。

どんなに地味な仕事であっても、喜んで働くようにすればいい。

一生懸命に働いていれば、だれでもお金持ちにはなれるし、幸せな人生を歩むことはできるのだから。

マツコさんは、流れ着いた場所で本気を出していれば、そのうちにうまくいくはずだ、と考えながら、今の地位に登りつめた。いや、本人には登りつめた、という意識もあまりないであろう。とにかく、置かれた境遇で頑張っているだけなのである。

「この会社では、私の実力は発揮できない」と考えて、転職をくり返す人もいる。自分の実力を大きく見積もりすぎているのであろう。こういう人は、どれほど転職しても、自分にピッタリの居場所を探すことはできないのではないか、と思う。

一流大学を卒業し、一流の企業に勤めなければ、人生が終わりなのか。

そんなことはない。

どんな大学を卒業しようが、どんなに小さな企業に勤めようが、いくらでも自分の実力は発揮できるものである。力の出し惜しみなどをせず、**本気で、全力で実力を発揮していれば、みなさんはどんどん出世していくし、お金持ちにもなれる**であろう。

物事に不愉快さを感じたら、「逆転の発想」で考えてみろ

所詮、夫婦は赤の他人同士、空気になって初めて本物になったとはいえないかしら？ときめきだのなんだの、いつまでも稚拙なことをいってないで、不平不満があるのなら、己の力でどうにかなさい。

（『あまから人生相談』p33）

「結婚相手が、ベタベタ甘えさせてくれない」と悩む相談者に対して、マツコさんは、「ベタベタしないのが、本当の夫婦なのよ」と答えている。

恋人やパートナーに対して、トキメキがないと不満を感じている人は多くいると思われるが、そんなときこそ、マツコさん流の逆転の発想をしよう。「トキメキがないほうが、ホンモノなのだ」と。そう考えれば、トキメキなど感じなくとも、まったく気にならなくなるば

かりか、むしろありがたいとさえ思えるようになるだろう。

友だちでも、恋人でもそうだと思うが、たえずベタベタとすり寄っているのが幸せな関係というわけではない。水のように、あっさりとした関係のほうが人間関係では大切なのではないかと思う。


物事に不満を感じたときには、たえず、逆転の発想をしよう。


「人間万事塞翁が馬」という言葉もある。

自分の馬が逃げてしまったけれども、逃げた馬がほかの野生の良馬を連れ帰ってきてくれ、息子がその馬から落ちて骨折してしまったけれども、戦《いくさ》に兵隊として駆り出されずにすんで結果として幸せになった、という話からうまれた言葉である。

人の幸せや不幸せは、自分が決める。

自分が幸せだと思っていれば、本当に幸せになれるのだし、自分が不幸だと思っていたら、本当に不幸になってしまう。

だから、たとえ客観的には不幸な出来事が起きたとしても、「かえって幸せなのでは？」と考えるクセをつけたい。

子どもの頃に、親から虐待を受けるのは非常に不幸な経験である。

しかし、ワシントン大学のカーチル・マクミレンが調べたところ、46・8％の虐待を受けた子どもは、「かえって有益だった」と答えていたのである。その理由として、自分が大人になって子どもを授かったとき、子どもを守れるようになったとか、強い性格が手に入った、ということが挙げられたらしい。

どんなに不幸な体験をしても、そこから何かを学び取れるのであれば、私たちは幸せでいられるのだ。

失恋したときにも、「これで、もっといい恋人を探せる！」と逆転の発想をしたほうがいいし、会社をクビになったとしても、「これで、もっといい勤め先を探せる！」と考えれば、自分はなんと幸せなのだろうと感じられるであろう。

あとがき

本書では、マツコさんが執筆したり、雑誌のインタビューや対談で語っている内容から、「好かれる技術」「自分を演出する技術」「生きるための知恵」といったエッセンスを抽出して紹介してきた。

テレビに出演しているマツコさんのイメージからは、およそかけ離れたコメントなども多く採集してきたつもりなので、「へぇ、マツコさんが、こんなことを言っているんだ！」と新鮮な驚きを感じた読者も少なくないのではないかと思う。私自身、マツコさん関連の資料を読み込んでいるときに、同じような驚きを感じた。

「威風堂々」といった言葉の似合うマツコさんであるが、ときとして弱気なことを言ってみたり、我を張らずに周囲との調和を図ったり、涙ぐましい努力をしていることを知って、「マツコさんも、ごく普通の人なのだな」と思った読者もいらっしゃるのではないだろうか。

そう、マツコさんはたしかに魅力的な人ではあるが、私たちが決して真似のできないような、手の届かない〝スーパーマン〟なのではなく、いろいろなことを教えてくれる〝近所のお兄さん〟という感じである。

「こんなにすごい人の真似なんて、とてもできないよ！」ではなくて、「あっ、マツコさんのこういうやり方は、僕も真似してみようっと」と、気楽に感じていただけたら、筆者としては望外の幸せである。

私は個人的にマツコさんとはまったく何の面識もない。あくまでも手に入る資料を基にして、マツコさんの分析を行なってきただけであり、私の解釈や分析が間違えている、という可能性は大いにある。もともとマツコさんが一筋縄でいかないような、あまりに柔軟すぎるタイプであるだけに、どこをどのように切り取ってご紹介すればいいのか、さんざん迷いながら執筆した。本書では取り上げなかったマツコさんの魅力は、ほかにもいくらでもあることを最後に申し添えておきたい。

さて、本書の執筆にあたっては廣済堂出版編集部の伊藤岳人さんにお世話になった。この場を借りてお礼を申し上げたい。伊藤さんには、膨大な雑誌の抜き刷りのコピーを集めていただいたり、編集の手間をかけさせたりしてしまった。本当にありがたいと思う。

最後に、読者のみなさまにもお礼を申し上げたい。

いたらないところの多い拙文を、最後の最後までお読みいただき、心から感謝している。専門書ではないので、できるだけ平易に、わかりやすく論じてきたつもりであるが、それでも理解しにくい箇所は多々あったと思う。どうかご寛恕いただきたい。またどこかでお目に書かれることを祈念して、筆をおきます。

内藤誼人

参考文献

Alicke, M. D., Vredenburg, D. S., Hiatt, M., & Govorum, O. 2001 The " better than myself effect" . Motivation and Emotion ,25, 7-22.

Anderson, N. H. 1968 Likableness ratings of 555 personality trait words. Journal of Personality and Social Psychology ,9, 272-279.

Berger, C. R., & Lee, K. J. 2011 Second thoughts, second feelings: Attenuating the impact of threatening narratives through rational reappraisal. Communication Research ,38, 3-26.

Broadstock, M., Borland, R., & Gason, R. 1992 Effects of suntan on judgments of healthiness and attractiveness by adolescents. Journal of Applied Social Psychology ,22, 157-172.

Brouer, R. L., Harris, K. J., & Kacmar, K. M. 2011 The moderating effects of political skill on the perceived politics-outcome relationships. Journal of Organizational Behavior ,32, 869-885.

Budesheim, T. L. 1994 Beauty or the beast? The effects of appearance, personality, and issue information on evaluations of political candidates. Personality and Social Psychology Bulletin ,20, 339-348.

Buss, D. M., & Barnes, M. 1986 Preferences in human mate selection. Journal of Personality and Social Psychology ,50, 559-570.

Can, J. C., Pearson, A. W., Vest, M. J., & Boyar, S. L. 2006 Prior occupational experience, anticipatory socialization, and employee retention. Journal of Management ,32, 343-359.

Ceci, S. J., & Kain, E. L. 1982 Jumping on the bandwagon with the underdog: The impact of attitude polls on polling behavior. Public Opinion Quarterly ,46, 228-242.

Chua, R. Y. J., Ingram, P., & Morris, M. W. 2008 From the head and the heart: Locating cognition-and affect-based trust in managers' professional networks. Academy of Management Journal ,51, 436-452.

Clore, G. L., Wiggins, N. H., & Itkin, S. 1975 Judging attraction from nonverbal behavior: The gain phenomenon. Journal of Consulting & Clinical Psychology ,43, 491-497.

Corneille, O., Monin, B., & Pleyers, G. 2005 Is positively a cue or a response option? Warm glow as evaluative matching in the familiarity for attractive and not so attractive faces. Journal of Experimental Social Psychology ,41, 431-437.

Crandall, V. C., & Gozali, J. 1969 The social desirability responses of children of four religious-cultural groups. Child Development ,40, 751-762.

Cunningham, M. R. 1997 Social allergens and the reactions that they produce: Escalation of annoyance and disgust in love and work. In Aversive Interpersonal Behaviors , edited by R. M. Kowalski. New York: Plenum Press.

Curran, J. P., Wallander, J. L., & Fischetti, M. 1980 The importance of behavioral and cognitive factors in heterosexual-social anxiety. Journal of Personality ,48, 285-292.

Danner, D., Snowden, D. A., & Friesen, W. 2001 Positive emotions in early life and longevity: Findings from the Nun study. Journal of Personality and Social Psychology ,80, 804-813.

Decker, W. H., & Rotondo, D. M. 1999 Use of humor at work: Predictions and implications. Psychological Reports ,84, 961-968.

Dimaggio, C., Nicolo, G., Popolo, R., Semerari, A., & Carcione, A. 2006 Self-regulatory dysfunctions in personality disorders: The role of poor self-monitoring and mindreading. Applied Psychology: An international review ,55, 397-407.

Dyke, L. S., & Murphy, S. A. 2006 How we define success: A qualitative study of what matters most to women and men. Sex Roles ,55, 357-371.

フェルドマン ,R.（古草秀子訳） 2010 なぜ人は10分間に3回嘘をつくのか 講談社

Felmlee, D. H. 1995 Fatal attractions: Affection and disaffection in intimate relationships. Journal of Social and Personal Relationships ,12, 295-311.

Fehr, B., & Russell, J. A. 1991 The concept of love: Viewed from a prototype perspective. Journal of Personality and Social Psychology ,60, 425-438.

Finkenauer, C., & Hazam, H. 2000 Disclosure and secrecy in marriage: Do both contribute to marital satisfaction? Journal of Social Personal Relationships ,17, 245-263.

Fletcher, G. J. O., Simpson, J. A., Thomas, G., & Giles, L. 1999 Ideals in intimate relationships. Journal of Personality and Social Psychology ,76, 72-89.

Fletcher, G. J. O., Simpson, J. A., & Thomas, G. 2000 The measurement of perceived relationship quality, components: A confirmatory factor analytic approach. Personality and Social Psychology Bulletin ,26, 340-354.

Gilovich, T., Medvec, V. H., & Savitsky, K. 2000 The spotlight effect in social judgment: An egocentric bias in estimates of the salience of one' s own actions and appearance. Journal of Personality and Social Psychology ,78, 211-222.

Grant, A. M., & Gino, F. 2010 A little thanks goes a long way: Explaining why gratitude expressions motivate prosocial behavior. Journal of Personality and Social Psychology ,98, 946-955.

Hampes, W. P. 2005 Correlations between humor styles and loneliness. Psychological Reports ,96, 747-750.

Haring, M., Hewitt, P. L., & Flett, G. L. 2003 Perfectionism, coping, and quality of intimate relationships. Journal of Marriage and Family ,65, 143-158.

Hatfield, E., & Sprecher, S. 1995 Men' s and women' s preferences in marital partners in the United States, Russia, and Japan. Journal of Cross-Cultural Psychology ,26, 728-750.

Henagan, S. C., & Bedeian, A. G. 2009 The perils of success in the workplace: Comparison target responses to coworkers' upward comparison threat. Journal of Applied Social Psychology ,39, 2438-2468.

Hendrickson, B., & Goei, R. 2009 Reciprocity and dating: Explaining the effects of favor and status on compliance with a date request. Communication Research ,36, 585-608.

Hendriks, M. C. P., Croon, M. A., & Vingerhoets, A. J. J. M. 2008 Social reactions to adult crying: The help soliciting function of tears. Journal of Social Psychology ,148, 22-41.

Hochwarter, W. A., & Thompson, K. W. 2012 Mirror, mirror on my boss’s wall: Engaged enactment’s moderating role on the relationship between perceived narcissistic supervision and work outcomes. Human Relations ,65, 335-366.

Kachalia, A., Kaufman, S. R., Boothman, R., Anderson, S., Welch, K., Saint, S., & Rogers, M. A. M. 2010 Liability claims and costs before and after implementation of a medical error disclosure program. Annals of Internal Medicine, 153, 213-221.

Kerr, S. 1975 On the folly of rewarding A, while hoping for B. Academy of Management Journal ,18, 769-783.

Kipnis, D., & Schmidt, S. M. 1988 Upward-influence styles: Relationship with performance evaluations, salary, and stress. Administrative Science Quarterly, 33, 528-542.

Konter, A., & Vollebergh, W. 1997 Gift giving and the emotional significance of family and friends. Journal of Marriage and the Family ,59, 747-757.

Koydemir, S., & Demir, A. 2008 Shyness and cognitions: An examination of Turkish university students. Journal of Psychology ,142, 633-644.

Lammers, J., Stoker, J. I., & Stapel, D. K. 2010 Power and behavioral approach orientation in existing power relations and the mediating effect of income. European Journal of Social Psychology ,40, 543-551.

Leary, M. R., Rogers, P. A., Canfield, R. W., & Coe, C. 1986 Boredom in interpersonal encounters: Antecedents and social implications. Journal of Personality and Social Psychology ,51, 968-975.

Lerner, R. M., Knapp, J. R., & Pool, K. B. 1974 Structure of body-build stereotypes: A methodological analysis. Perceptual and Motor Skills, 39, 719-729.

Markman, H. J., Renich, M. J., Floyd, F., Stanley, S. M., & Clements, M. 1993 Preventing marital distress through communication and conflict management training: A 4-and 5-year follow up. Journal of Consulting and Clinical Psychology ,61, 70-77.

Martin, J. J., Pamela, A. K., Kulinna, H., & Fahlman, M. 2006 Social physique anxiety and muscularity and appearance cognitions in college men. Sex Roles ,55, 151-158.

McIntosh, W. D., Harlow, T. F., & Martin, L. L. 1995 Linkers and nonlinkers: Goal beliefs as a moderator of the effects of everyday hassles on rumination, depression, and physical complaints. Journal of Applied Psychology ,25, 1231-1244.

McMillen, C., Zuravin, S., & Rideout, G. 1995 Perceived benefit from child sexual abuse. Journal of Consulting and Clinical Psychology ,63, 1037-1043.

マツコ・デラックス　2011　あまから人生相談　ぶんか社

マツコ・デラックス　2012　世迷いごと　双葉文庫

マツコ・デラックス　2013　続・世迷いごと　双葉文庫

マツコ・デラックス　2014　デラックスじゃない　双葉社

マツコ・デラックス　2015　続あまから人生相談　ぶんか社

Murray, S. L., Holmes, J. G., & Griffin, D. W. 1996 The self-fulfilling nature of positive illusions in romantic relationships: Love is not blind, but prescient. Journal of Personality and Social Psychology ,71, 1155-1180.

中村うさぎ・マツコ・デラックス　2014　うさぎとマツコの往復書簡　全身ジレンマ　双葉文庫

中村うさぎ・マツコ・デラックス　2014　うさぎとマツコの往復書簡②　自虐ドキュメント　双葉文庫

Nemechek, S., & Olson, K. R. 1996 Personality and marital adjustment. Psychological Reports ,78, 2-6.

Neuwirth, K., Frederick, E., & Mayo, C. 2007 The spiral of silence and fear of isolation. Journal of Communication ,57, 450-468.

O･boyle, E. H., Jr., Humphrey, R. H., Pollack, J. M., Hawver, T. H., & Story, P. A. 2011 The relation between emotional intelligence and job performance: A meta-analysis. Journal of Organizational Behavior ,32, 788-818.

Orpen, C. 1996 Dependency as a moderator of the effects of networking behavior on managerial career success. Journal of Psychology ,130, 245-248.

Parker, J. G., & Asher, S. R. 1993 Friendship and friendship quality in middle childhood: Links with peer group acceptance and feelings of loneliness and social dissatisfaction. Developmental Psychology ,29, 611-621.

Sanna, L. J., Chang, E. C., Carter, S. E., & Small, E. M. 2006 The future is now: Prospective temporal self-appraisals among defensive pessimists and optimists. Personality and Social Psychology Bulletin ,32, 727-739.

Sneed, C. D. 2002 Correlates and implications for agreeableness in children. Journal of Psychology ,136, 59-67.

Swan, J. E., Bowers, M. R., & Richardson, L. D. 1999 Customer trust in the salesperson: An integrative review and meta-analysis of the empirical literature. Journal of Business Research ,44, 93-107.

Terrion, J. L., & Ashforth, B. E. 2002 From “I” to “We”: The role of putdown humor and identity in the development of a temporary group. Human Relations ,55, 55-88.

Tiggemann, M., & Anesbury, T. 2000 Negative stereotyping of obesity in children: The role of controllability beliefs. Journal of Applied Social Psychology ,30, 1977-1993.

Vonk, R. 1998 The slime effect: Suspicion and dislike of likeable behavior toward superiors. Journal of Personality and Social Psychology ,74, 849-864.

Vrugt, A. 2007 Effects of a smile reciprocation and compliance with a request. Psychological Reports ,101, 1196-1202.

Wolff, H. G., & Moser, K. 2009 Effects of networking on career success: A longitudinal study. Journal of Applied Psychology ,94, 196-206.

なぜ、マツコ・デラックスは言いたい放題でも人に好かれるのか？

毒舌を吐きながらも、会う人全員をファンにする心理テクニック

2016年8月10日　第1版第1刷
2016年8月31日　第1版第2刷

著　者　内藤誼人

発行者　後藤高志
発行所　株式会社廣済堂出版
〒104-0061　東京都中央区銀座3-7-6
電話03-6703-0964（編集）03-6703-0962（販売）
Fax03-6703-0963（販売）
振替00180-0-164137
http://www.kosaido-pub.co.jp

印刷・製本　株式会社廣済堂

ブックデザイン　井上新八
本文デザイン・DTP　清原一隆(KIYO DESIGN)

ISBN978-4-331-52044-4 C0095